Antología Poética

Las Cortesanas de la Poesía

Entre la cocina, los libros y la alcoba

Antología Poética
Las Cortesanas de la Poesía:
Entre la cocina, los libros y la alcoba
Sello editorial: Del Alma Editores
Fotografía: Julia Grover FOTOGRAFÍA
Diseño de portada: Julia Grover FOTOGRAFÍA
Email: juliagogrover@hotmail.com
https://www.facebook.com/JuliaGroverFOTOGRAFIA
Todos los Derechos Reservados.
Prohibida la reproducción total o parcial de esta obra
por cualquier medio sin previo permiso escrito
por parte del autor.
ISBN: 978-987-29888-3-8

Se va de ti mi cuerpo gota a gota.
Se va mi cara en un óleo sordo;
se van mis manos en azogue suelto;
se van mis pies en dos tiempos de polvo…

Gabriela Mistral

Ensayo
¿Es la mujer condenada a través de los años?

Gladys V. Landaburo

¿La mujer es condenada por "ser mujer" a ser víctima y objeto de humillaciones y vejámenes a través de la ficción y la historia en el tiempo?

-En la Grecia antigua: La mujer era una perpetua menor, no poseía derechos ni jurídicos ni políticos, toda su vida debía permanecer bajo la autoridad de un tutor.

-Las Heteras, era el nombre que recibían las cortesanas, ellas gozaban de educación, por lo que eran compañía de nivel cultural elevado que se fusionaba con prostitución, eran las únicas mujeres, que tenían acceso a los simposios, además, eran muy bien conceptuadas, Demóstenes escribió:

"Tenemos a las heteras para el placer, a las criadas para que se hagan cargo de nuestras necesidades corporales diarias y a las esposas para que nos traigan hijos legítimos y para que sean fieles guardianes de nuestros hogares".

-El Mito de Medusa:

Medusa, es una mujer todopoderosa, a la que los hombres le temen, representa a la mujer fuerte, es Sacerdotisa de Atenea: Diosa Patrona de Atenas.

Medusa, era una joven muy bella, que por su condición de Sacerdotisa era virgen e inalcanzable para todos, no podía casarse con nadie, debía conservar su castidad, pero entre las pasiones prohibidas que despertaba su extrema belleza, estuvo la de Poseidón: Dios del Mar y la Tormenta, el cual ante el deseo que despertaba en él, en un ataque de lujuria, acude al Partenón, y ahí viola a Medusa, que al perder su virginidad, queda destrozada, pues ya no era elegible, y tampoco podría ser sacerdotisa, ya que las sacerdotisas debían ser vírgenes. Ella, siendo la víctima, pasa a ser culpada por Atenea, pierde su belleza, y es convertida en una bestia semejante a un cadáver humano: pasó de ser deseada por hombres y dioses, a ser un monstruo horrible, su transformación hace que su mirada, convierta en piedra a quien mira. Medusa: ya no se relacionaría con nadie más, estando condenada a la soledad, aislamiento y destierro de por vida. Es la encarnación física de la muerte, y como su poder estaba en su mirada, muchos se lanzaron a tratar de obtener su cabeza; Perseo (semidiós), sin mirarla, para no quedar convertido en piedra, guiado por Atenea, le corta la cabeza y la usa en el frente de batalla, para convertir en piedra a sus más fuertes rivales.

- Derecho a pernada

Desde la Edad Media (56), debió soportar el ser menospreciada y reducida a objeto: mediante el "Derecho de Pernada", derecho por el cual el, los señores feudales, tenían la potestad de mantener relaciones sexuales, con cualquier doncella, sierva de su feudo, que se casara con uno de sus siervos.
El derecho medieval pierde terreno a favor de los adquiridos por el derecho popular de revuelta, los vasallos responde a la costumbre feudal del derecho a la primera noche, llevándola a derecho escrito aplicable, en "la Sentencia de Guadalupe aboliendo los malos usos y otros abusos personales, promulgada por Fernando el Católico para Cataluña en 1486".

- Siglo XX

1907: en las calles de New York EEUU, obreras textiles, desfilaron por las calles, manifestándose a favor de mejoras laborales y derecho al sufragio, estas fueron reprimidas por la policía.

1910: se realiza en Chicago, la primera jornada de mujeres socialistas (Teatro Garrick), para pedir el sufragio femenino y luchar contra la esclavitud sexual.

1911: el 19 de marzo, se conmemora el 1º Día Internacional de la Mujer (Austria, Dinamarca, Alemania y Suiza).
Demandan: derecho a voto, igualdad de oportunidades para ejercer cargos públicos y acceso a trabajo remunerado.

En Alemania, el periódico de las mujeres "Die Gleichheit (La Igualdad), tuvo una tirada de 100 mil ejemplares

Violencia de género

Es una forma de violencia física o psicológica, que afecta en forma negativa sobre quien se ejerce. Se denomina "Violencia de Género" según la ONU: «para distinguir la violencia común de aquella que se dirige a individuos o grupos sobre la base de su género».

Puede darse con asaltos, violaciones sexuales, prostitución forzada, explotación laboral, aborto selectivo dependiendo del sexo, entre infinidad de formas…

Irina Bokova, Directora General de la UNESCO
Mensaje con motivo del Día Internacional de la Mujer

"Este hecho justifica que la igualdad de género y los derechos de las mujeres sigan siendo parte fundamental de los programas de desarrollo posteriores a 2015"…

- Vemos desde la antigüedad, que en una sociedad en donde el poder lo ejercían los varones: quienes no casualmente, también gozaban de la totalidad de los derechos y privilegios, dejaron a la mujer segregada, privándole a esta, hasta de acceder a la educación. Esto se da en la típica "mujer del hogar", ya que podemos ver, como se da una contracara, en Las Heteras: que siendo mujeres independientes, eran cultivadas, aunque tenían accesos a los lugares que eran vedados para el común de las mujeres, y eran escuchadas por hombres ligados al poder, no dejaban de ser "mujeres cortesanas", lo cual en sí mismo, no deja de ser una forma de degradación.

En la ficción, vemos en "El Mito de Medusa", como ella, una mujer, siendo la víctima, termina siendo la condenada y marginada.

El derecho a pernada: durante quince siglos amancillaron a la mujer, y pasaron muchos años, y aún en el Siglo XXI, se sigue trabajando a nivel mundial, para lograr dignidad de mujeres maltratadas, y justicia, para mujeres que siendo vejadas, han encontrado la muerte.

https://www.youtube.com/watch?v=p7StwLb8rbs

http://www.h-debate.com/cbarros/spanish/pernada_castellano.htm

http://www.rebelion.org/hemeroteca/mujer/040308portugal.htm

http://es.wikipedia.org/wiki/Violencia_de_género

http://www.unesco.org/new/es/womens-day

Sonia Fernanda Mayoral Arias

Argentina

Sonia Fernanda Mayoral Arias "Sofema" vive en Córdoba capital, oriunda del pueblo San José de la Dormida, es profesora en Lengua y Literatura, Licenciada en Ciencias de la Educación con especialización en planeamiento, supervisión y Administración educativa. Actualmente, cursa el segundo año de la Maestría en Investigación Educativa con base socioantropológica en el CEA. Trabaja como docente en Nivel Medio, realiza correcciones de libros para su posterior edición. Escribe desde los 14 años y ha publicado en dos antologías algunos de sus poemas en el 2004 y 2005.

Sonia Fernanda Mayoral Arias

ANGELITO

No pudiste ver la luz
de un mañana con canciones,
tanto tu mamá te esperaba
que la noticia se convirtió en llanto;
tu manito fría ella tomó
y una rosa roja te acompañó
hasta que tocaste el cielo
porque Dios te eligió
para custodiar su hogar
y guiar los pasos de tu familia
que desde ese día te lloró.
No pudiste jugar con tu abuela
ni descubrir los objetos,
a la naturaleza y al amor;
a veces sucede lo inexplicable
y no es suficiente la resignación
pero sí el consuelo de saber
que en medio de las nubes,
en cada tibio amanecer
un ángel está mirando
y protegiendo los seres
que te vieron en su vientre
crecer.
Muchas veces erramos
sin saber el porqué
y nos toca en la tierra padecer.
Cuánto hubiese ella dado
Para poder tenerte aquí,
por seguir acariciando tu vida
entre las fragancias de alelí.
Pasarán los años,
toda una historia,
las personas seguirán su curso,
su trayectoria
y pueden ir y venir
pero tú, pequeño angelito,
 de su corazón
jamás te podrás ir

ya que te convertiste en una parte
tan necesaria para luchar,
para seguir adelante,
aunque ya nada fue lo mismo
desde que tus ojitos
no pudieron
 el día, vislumbrar.

UNA MIRADA EN MINUTOS

Me he quedado
suspendida en el tiempo...
a tratar de mirar hacia atrás
y lo que hoy me está sucediendo.
Parece increíble
como los recuerdos se esconden
en los rincones de la memoria,
como los obstáculos pisados
son ahora, parte de la historia.
He aprendido de la fortaleza,
de la capacidad, de la entereza
y he sabido aprender dos veces
que no todo es bien merecido
y más aún la paciencia es un hada
que en la agonía llega
y te calma la sed de la impotencia.
Me he quedado unos minutos
mirando hacia atrás
las ganancias de mis proezas
y a poder darme cuenta
que al final, perseverante,
luego de una prolongada espera
no hay nada mejor
que el sabor de la dulzura
del fruto de la recompensa.

MAMÁ DEL CORAZÓN...

No importan los años,
las vidas distintas,
las lenguas erradas
ni los modales mal enseñados…
La sangre pasa a ser un accesorio
pues el cariño es esencial
y sólo vives para criarlo,
sin esperar gratificación.
Madre, palabra de cinco sentires:
majestuosidad, amor,
dedicación, respeto y excelencia,
vocablos que flotan
en la sonrisa de tus mañanas ,
que fluyen en cada canción al tú entonarla.
Pudiste vencer los prejuicios
de una sociedad que te aniquilaba,
señalada en las aceras
por tomar una decisión que tu mundo cambiara...
No dejaste que las palabras extrañas
tu vida limitara,
un día te levantaste,
buscaste un papel firmado
y a su búsqueda te orientabas.
En medio de tantos faroles,
tu niño, muy tímido, esperaba
que lo abrazaras muy fuerte
y a tu hogar lo llevaras.
Así te convertiste
en la mamá más especial de tu mundo
por poder aunar dos destinos
en una mirada sincera
y llevar a tu hijo
por la más adecuada senda.
No importan los orígenes
si en las frías mañanas
el calor de tus manos
su lecho cobijan

y el sello de tus labios en su frente
quedan esbozados;
marca que significa ser una mamá completa,
llena de felicidad
gracias a tu valentía
y al amor más sincero
que cultivas día a día.

LUCHADORA...

Has luchado en cada paso de tu vida,
 velaste por tus hijos cuando no dormían ,
 padeciste crueles maltratos
 y los desprecios que jamás se olvidan…
Pero, en tu alma persiste la fuerza,
 las ganas de pelear día a día.
No temes al destino,
 ni a que las cartas estén sobre la mesa,
 sólo meditas en las noches
 preocupándote por los demás,
 por tu familia para que no desfallezca.
 Mas no importa si la felicidad en ti fue pasajera
 sólo quieres que tus hijos ahora la posean.
 Tienes las manos tendidas
 aún en la peor tormenta
 y le haces frente a los dolores
 que a tu cuerpo sin avisar, llegan;
 porque tu corazón
 sólo comprende la plenitud de tu esencia :
 dar la vida a sus frutos
 pasen los años, a pesar de las desavenencias
 con el amor más sincero
 encontrado en una madre,
 la más pura reina.

EL SECRETO DE VIRGINIA

Él a la joven pidió
con los ojos llenos de lágrimas
que a descansar en paz lo ayudara,
que pronunciara los versos
para que su estadía terrenal, acabara.
Ella, compadeciéndose de su pedidos
accedió sin pedir recompensas.
Y así, en una tarde fresca
las hojas secas fueron testigos
de aquel ritual
que más de trescientos años
tardó en que se complaciera.
La señorita cerró la puerta
y tras los muros nadie supo
cuál era la verdad,
tantas horas pasaron
y su presencia un tanto incierta.
Ella volvió con su familia
Al anochecer, silente,
con su secreto a cuestas.
Hoy vive con el recuerdo
de aquella tarde
en donde pudo ayudar a ese ser
a cumplir su deseo,
pues ya vivía en la pena
y solo en su cuarto, rogaba
que llegara su amiga
quien lo libraría de esa condena.
Pasó el tiempo, ya casada,
se encontró en una situación incómoda
frente a su amado, quien la interrogaba
sobre aquel episodio ocurrido
entre ella y el fantasma;
sólo atinó a sonreír
y en su mente recreó el pacto, misterio del alma,
y dijo entre palabras cortadas:
- Es un secreto,
a lo mejor lo sabrás mañana.

PARA MAMÁ...

No maneja Facebook
ni escucha rock and roll,
sólo sabe de bondades,
y de la bendita paciencia
que Dios le dio.

Ella es mi madre
y en estas líneas le digo:

-Aún en la distancia
hoy estás conmigo
y en cada paso que doy,
sos mi escudo,
sos mi abrigo.

Cuán orgullosa estoy
de ser retoño de tu nido
y más al dejarme volar
y que surcara mi camino.

Por ser la persona más importante,
frente a mis ojos, mi destino,
allí está tu compañía
que día a día la cultivo;
porque el tiempo
y los kilómetros
no impidieron que esté contigo
cantándote esta melodía
que de mi pecho
para ti ha partido.

Un año más que ha pasado,
otro año más cumplido
y los meses se evaporan
cuando te encuentro
y te pienso
en cada verso que imagino.

Un saludo es un abrazo
que derriba al tiempo mismo,
pues nada más que decirte
sino regalarte una flor rociada
con la inmensidad de tu cariño
que de tu alma renació
e iluminó mi recorrido.

En honor a un grande, Rubén Darío.

LA TRISTEZA DE LA PRINCESA

¿Por qué está triste la princesa?
Sólo ella sabe,
la pena quizás será un castigo
¿o es que el dolor, sin desmerecerlo
en los latidos, quiere ser su amigo?
¿Qué tendrá la princesa?
Tiene fortuna, tiene placeres
¿pero es eso, será eso
lo que realmente quiere?
Pupilas aterradas de inocencia,
compañero que desea protegerla
sórdidas manos debilitadas
que ya no pueden contenerla.
Siempre busco la respuesta
de la semilla que engendró el motivo
que empaña a esta princesa
y refleja su corazón cautivo.
Rara palidez, labios de sirena,
acumula grandes porvenires,
por eso lucha ¡eres tan tierna!
Si no te place develar tu misterio,
despliega una sonrisa para tu Darío
y continúa sembrando incertidumbres
en tu mundo, y aquí en el mío.

Y ASÍ...

Y así va mi vida
entre arbustos de sueños
esperando una guía
que la libere, que la cure,
que la proteja del sol maligno
que le ciega los deseos,
que le resta los días,
que le seca los ríos
de la esperanza marchita.

Y así va mi vida...
como un velero perdido,
en ocasiones busca el destino,
mas se pierde, se estanca,
se detiene...
estático en una ola mansa
para que su lecho no se pudra,
para que no se hunda en el mismo sitio
sin llegar a descubrir la manera
de virar hacia su inicio...
o simplemente marchar
hasta encontrar un refugio,
un sol que le seque los maderos,
que haga brillar su cuerpo
y renueve sus huesos
para continuar en otro río,
corriendo...
sin perder la conciencia
de ser un barco pequeño.

PRIMAVERA PARA DOS

Pasaron muchas primaveras
sin que el amor se asomara
en el balcón de mi vida…
Pasaron muchas tardes coloridas
sin que vea el color a aquella princesa
de los solos, fugitiva,
sin que encuentre el aroma de una flor
colgado de mis sentidos despiertos.
Pasaron muchas primaveras,
muchas noches relucientes
entre la luna llena
sin que la hierba fresca rebrotara
con el rocío del amor.
Pasaron muchas primaveras
sin sentir el renacer de una estación nueva,
sin pensar en otra vida que está allá afuera,
sin decidir cual era la mejor manera
de huir de los tempestuosos recuerdos.
Pasaron muchas primaveras
sin tener la certeza de querer,
de encontrar un momento,
de inventarlo,
de buscarlo,
de esperarlo…
hasta que los pájaros cantaron,
las rosas se desplegaron
y el sol abrió más rayos
con una palabra renovada,
con sus manos bien estiradas
para cobijarnos a los dos
en las primaveras
que verán en nuestros ojos
la estación del amor.

Patricia Aviles Torres

Puerto Rico

PATRICIA AVILES TORRES (PUERTO RICO)
(EVALUNA)
AUTOBIOGRAFÍA

Mi nombre es Patricia Avilés...vivo en la Isla del encanto, Puerto Rico. Nací en Durkirk, New York, un 2 de septiembre de 1968. Tengo dos hijas quienes son mi adoración y por las cuales vivo. He vivido casi toda mi vida en Puerto Rico. Poseo un Bachillerato en Educación con concentración en Artes del Lenguaje. Actualmente me dedico a la docencia.

Desde muy joven me ha gustado la poesía y comencé a escribir allá para el año 1988. Desde esa época he ido desarrollándome en las letras...algo que me apasiona y que siempre seguiré haciendo. Mi gran sueño es publicar mi primer libro de poesía y darme a conocer como escritora. Mi obra la he dado a conocer en: Mujeres Poetas Internacional, Soy Poeta y UHE (Unión Hispanomundial de Escritores), siendo UHE, mi escuela, mi renacer y en donde mis letras ha sido destacada. Mi idea es desarrollarme en este campo y continuar estudios en áreas relacionadas. Quiero representar a la mujer latina, luchadora, la mujer en todas sus facetas. Demostrar que tenemos voz y mucho que ofrecer.

Patricia Aviles Torres

YO MUJER

¿Y qué culpa tengo yo
de haber nacido mujer,
de llevar en mí la fuerza
y un espíritu que no acepta
la derrota?

¿De qué se me acusa,
si me alzo ante muchos
y grito mi verdad?
Verdad que duele,
pero verdad.

¿Porqué se me acorrala
entre paredes
de prejuicios
que te cambian y
te esquivan
tu ambición?

¿Y qué me toca a mí
por ser primera?
Por no aceptar
la fuerza torpe
del amor.

Mejor callada.
Opción: la libertad.
Las frías soledades,
las guerras del espíritu,
las victorias del alma!

¿Y de qué se me acusa,
por ser de otro matiz?
Pintada rosa blanca
pero roja en esencia...
rosa eterna.

RENUNCIA

Ya no más encuentros furtivos,
Ya no más.
De decirle mentiras a mi alma,
de esconderme de la gente, ya no.

Se escurrió el velo del ensueño,
despertó en mí la calma.
Se esparcieron las mentiras oxidadas,
me fui de ti.

Ya no más incoherencias en mi mente,
a mi alma le entrego su blancura.
Te devuelvo tus delirios,
déjame en mi paz.

Sueños rotos para ti, llego la primavera.
Mi espíritu se goza su luz.
Renuncias de mi ser a tu maldad,
se gana una victoria en el andar.

Ya no más luchas en mi mente,
de un refugio que en falsedad ofreciste.
Silencios que me atrapan en su paz,
 a ti te dejo, ya no más.

Y se crece mi alma, mi ser.
La libertad lo que no tus palabras.
Virtudes escondidas en juegos de placer
nos dilatan el alma, la hacen perecer.

Volví a mi camino, libre aquí estoy.
Renuncia de pasiones, oleadas de mentiras.
Sabor a lo exquisito, a lo puro, a lo nuevo.
Renace esta mi vida, retorna mi canción.

SOLO ASÍ
(A MI MADRE)

Siempre me obligo a recordarte
como eras,
con tu sonrisa en el alma
y tus lágrimas detenidas
para no hacer daño a nadie.

Siempre quiero recordarte,
con tu frente en alto
sin dejar que te aplastaran,
tu poco orgullo... y sin nada
que decir.

Tratabas de no caer,
esforzándote por ser feliz, sin serlo.
Caminando sin rumbo,
por donde te dijeran.

Sabes que,
aunque nada era verdad,
te emocionabas
y las mentiras las escondías,
detrás de la tristeza.

Mi misión: sólo verte, callarme
y tragarme en pequeñas soledades
tu alma destrozada.
Sólo quiero recordarte,
con tu sonrisa sin lágrimas,
con tu esfuerzo, sin quejarte.

Así, siempre así
para no destrozarme.

PALABRAS EN MI ESPEJO

Mi cuerpo en la almohada,
la tarde serena,
un poco extenuada.
Reflejos que quedan
en el aire
Espejo que susurra
un mensaje.

Dormida en mi alcoba
percibo mis dudas,
palabras que llaman.
Destellos de atardeceres,
un recuerdo en el aire.

La repentina espera,
el dilatado momento.
Se cruzaron las palabras
en mi corazón esquivo.
Lo tornaron dudoso,
sentimientos encontrados.

Las palabras vivientes,
vacilantes caminan,
llegaron a mi alma,
cruzaron las paredes.
Esparcieron verdades,
ocultas en cristal.

Verdades que me llevan
a ser por vez primera
receptora de un sueño
de amor.
Mi niña, mujer tierna
concibe nueva vida,
un nuevo amanecer.

¡Esta tarde mi alma se tornó claridad!

MENTIRAS DE ALCOBA

Detenida en la entrada de mi corazón,
percibí las mentiras oxidadas,
se escurrieron en mi lecho sin razón,
impregnándose en la nada.
¡Mis noches apagadas!

Falsos caminos de amor,
escondiéndose del mundo.
Dolores esparcidos por doquier,
regados en la almohada.
¡Dulce pasión que se oxida!

El espejo refleja las verdades,
las tristezas incoherentes.
Esparciendo al aire la esperanza,
ilusiones inertes.
¡Destierros asomándose al alba!

Dulce pasión que en mí callas,
vasto mundo de dolor.
Ojos cerrados al amor,
ocultándose entre sábanas
¡Emigraron los placeres de mi piel!

EL AROMA DE TU PIEL

Sé que amé,
sólo una vez.
sentí tu perfume
en mi piel.

Conjugué los verbos
de la pasión,
que encendidos se posaron
en mi alma.

Preguntaron por ti,
mis versos dormidos.
Mis duendes de la noche,
tristones.
Quedándose la huella
de tu mirada exquisita.
Dolor de la huída,
de madrugada.
El sabor de tus besos,
dilatantes.
Caminan en sombras,
cabizbajos.

Crepúsculo de ensueños,
esfumados, esparcidos.
En los valles se recrean,
pensándote.

Me provocan llegar a ti,
con esperanza.
Poseyendo mis delirios,
marchitos.

Sabor a tu piel,
enredándome.
Hipnótica esfera,
a ti me entrego.

YA

Que se acaben por hoy las palabras hirientes
y terminen por fin los deseos dolientes.
Que hoy termine de hablar esa voz con malicia
y no vuelva jamás esa voz que me irrita.

Que se pierda en el aire ese mal deseo
y se quede sin voz el malvado anhelo,
Que no pueda surgir esa voz de ironía,
que no viva lo que tenga sabor a mentira.

Que con el aire muera la hipocresía
y con el viento se pierda lo que no es alegría.
Que la tierra se trague todo olor que sabe a muerte,
que los árboles callen todo lo que no es decente.

Que la vida no capte lo que no sabe a verdad,
que la flor no respire lo que no es humildad.
Que la Luna no quiera reflejar su tristeza
y que el sol no contemple lo que sabe a tinieblas.

Que los niños no acepten lo que no es inocencia,
que el corazón no reciba otro sin su transparencia.
Que la paz no recoja ese olor a la guerra
y que el alma rechace lo que al cuerpo destierra.

TUS PROPIAS BATALLAS

Es tiempo de que escojas
por lo que quieres luchar.
Tú eres el artífice de tu vida,
quien guiará el timón de su vida.

Es hora de dejar de culpar a los otros
por tus errores.
Las batallas son tuyas,
eres su dueño.

No arrastres el peso
de lo que no fue.
Puedes llenar tus vacíos
con tu lucha diaria.

Sé resiliente,
no arrastres tus miedos,
caminando dormido,
en tierra temblorosas.

Debes encaminarte,
decir presente al riesgo.
Asumir tus verdades
con la frente hacia el cielo.

La lágrima la estrechas,
absorbe tus tristezas.
Echa a andar tus virtudes,
es tu turno de escalar.

No te sientes a esperar,
la gloria enternecida.
Surca tu propio camino,
sé la nueva luz.

Por lo que quieras luchar,
debes decidir.
Si te das media vuelta
o emprendes el camino.

Tu equipaje en la espalda,
cargado de tus sueños,
con miedos en la mano,
más firme, la esperanza.

Ya estás hoy en la cima,
llegaste aquí glorioso.
Graduándote con éxito
en la carrera de la vida.

DESPERTAR A LA PASIÓN

Hoy te encuentro perfectamente mío,
rodeando mi cintura …
… bailando el vals del eterno amor.
Me fascina tu mirada color cielo,
la dulzura que hay en ella me estremece.
Te puedo decir, mirándote tierna,
que lo que me haces sentir
va más allá de este mundo.

Hoy, te encuentro inocentemente tierno,
caminando hacia mí con la certeza de que
tomarás cada uno de mis suspiros
y los harás tuyos.
Cruzarás la puerta de mi alma.
 Tomarás mis tristezas
convirtiéndolas en canción eterna.
Te miraré toda perpleja,
con el sentimiento a flor de piel, desbordándose.

Hoy te encuentro deseablemente adorable.
Mi mundo sabe que llegó al lugar perfecto,
que envuelta estaré en tu esfera pasional
llevándome por cielos eternos de pasión
que entre nubes se pasean.
Te miraré toda fiera, toda dulce…
te diré que eres mi sol.

Así és mi mundo hoy, sin misterios,
sin soledades inertes, sin distancias que separen.
Historia que nació de retóricas sobre mi juventud,
  nos llevó a hechizarnos,
a envolvernos en celestiales melodías.
Transportándonos al éxtasis sagrado.
Te llevaré en mí… en el eterno tiempo,
 en las plácidas aguas.

Cenia Castro

Ecuador

Cenia Castro, de nacionalidad ecuatoriana, de personalidad inquieta y manos traviesas, con gran debilidad por el color y por las letras, poco a poco
voy fundiendo las dos artes.
En el color la magia y en las letras lo indefinible.
Escribo, cuando mis lágrimas no me dejan hablar.
Entonces, enciendo una antorcha que ilumine la noche.

Cenia Castro

DELIRIOS

Galaxias de flores silvestres
inundan mi cabeza,
raíces como brazos rojos
donde nacen las libélulas
arbustos verdes y azules.
Un mundo de peces que vuelan,
una niña feliz con zapatos de charol,
y otras veces llora aferrada al árbol del olvido.
Perdida en sus espejos donde pinta su sonrisa,
la niña de cristal sueña con luceros
y cielos donde no hay truenos.
Olvida el tiempo entre sus pinceles
mientras un arcoíris teje entre sus dedos.

CIUDAD

Eras ciudad luminosa y amarilla,
vestida de sol irradiabas mis ojos con sus destellos.
Me gustaba visitar sus recovecos,
descubrir los jardines escondidos de tu sonrisa,
 en esas tardes de verano.

Recorrerte paso a paso, ciudad mía,
descubrirte altiva
y solo mía.
Vigilar los transeúntes de tus sueños que corrían calle arriba
Yo les seguía tan de cerca cuando
por la mañanita me llevaban flores amarillas.

Ciudad mía y tan lejana,
¿Dónde quedaron tus ventanas abiertas a mi encanto?
¿Cuándo murió la tarde llevando consigo
la palidez de sus palmeras?
Cuando morí en esa piedra, sentada, viéndote
tan callada cuando la noche en su gris manto te cubría.

¿Cuándo? ¡Ciudad mía!
La dicha de saberte mi luz,
música razón de mi latido, ¿dónde?
Solo calles desiertas, un revoltijo de pájaros mudos
en los cordeles, la gris ausencia.
Tu frío me hiela, hoy te abandono
Luz de mis destellos
Y mi manto de estrellas las llevo conmigo.
Voy buscando otro cielo…

FRIALDAD

Aprenderé tu
rostro de memoria,
con la frialdad
de los polares
desoiré las voces de tu encanto.
Un ceño fruncido
te dedicaré en invierno.
Pues tú conmigo
y tú con ella...
No quiero saber de ti,
-nunca más-
¡Nunca más!

BULEVAR

Desde lo alto de un quinto piso
contemplo los perros de orejas caídas,
esos que van mirando las vitrinas
como buscando dueño
que les dé un pan.
Niños sin abrigo corriendo
cuesta abajo tras su pelota
Y al verdulero que mientras grita:
"lleve caserita, lleve la fruta fresca"
Mira sin tapujos las gordas piernas de Josefa.

—Un pajarito se posa en los lirios
distrayéndome un momento¬.
¿En qué carajos se parecen todos ellos, a tu pelo?
Y todos, todos se me parecen a tu azabache.
—Un revoltijo convulsionado de avenidas—
mis dedos surcando carreteras
abriendo un camino hacia tu espalda.
Entonces tus manos se hacían palomas
perdidas, acurrucadas en mi falda.
El rugido del mar acompasaba a eso las 5 pm,
entre mis avenidas y el bulevar de tu sonrisa.
¿Cómo olvidar las farolas amarillas?
Esas que encandilan los ojos
cuando la luna enigmática se pierde.
Así, así eran tus ojos,
bulevar de sonrisas
—Como un parque de niños—
que persiguen globos encendidos
y poco les importan las puertas vetustas,
de la casa recién pintada.
Ni reparaban en la anciana que se perdía
en su ventana mirando el ayer.
Y es que a veces somos ciudad-bullicio
y otras un pueblo seco y baldío.

PARA NO PENSAR EN TI

Me ahogo con la música
y me envuelvo en colores
recito poemas que nunca te daré.
Te busco como loca en mis adentros
seguro, una lágrima se deja caer
y claro que diré:
"No es nada, ha sido el viento"
riño por no escribir esto que escribo
y quizá nunca lo leas ni imagines que es por ti.
Da igual…
Pasado el tiempo
tampoco recordaré
para quien lo escribí.
Pero mientras tanto,
oculto tus fotos
—lo borro todo—
canciones que nunca me diste
palabras que nunca dijiste,
los silencios tuyos, que me tragué
como trago amargo
que raspaba mi sien.
Y me arranco tus cosquillas,
 tus sonrisas, tus besos
y el adiós silencioso
a tu única manera:
"el olvido"
sin una llamada,
 abismando
entre los dos la posibilidad del reencuentro.

> ...yo les pongo una escoba
> tras la puerta...
> Mario Benedetti

TE INTUYO DE LEJOS

Te acercas sigiloso
mirando a mis ojos,
imaginando en mis labios
el sabor que te ate en nudo.

Una avenida convulsionada
que nos paraliza,
el terror del fracaso
nos viste de utopías
y sin embargo
-vienes y vas-
me rondas,
como queriendo brincar.

Y yo te intuyo.

De lejos, te vuelves un
espectro sutil y dadivoso.
En mis desiertos prometes agua,
en mis noches enciendes luz...
Yo te pongo la escoba tras la puerta
ante el inminente naufragio,
-la ignoras con donaire-
y te aceleras en una boca salvavidas.

Ana Delgado Ramos

Puerto Rico

Poeta y escritora, autora de la novela autobiográfica Terremoto, mi historia. La primera edición de esta obra circula en más de cincuenta países de Europa, Asia y los Estados Unidos. La segunda edición está actualmente en circulación en Puerto Rico, bajo el sello editorial de Publicaciones Gaviota.

Nació en Yabucoa, un pueblito, al sureste de la Isla de Puerto Rico.Desde niña le interesaron mucho los libros y su pasatiempo favorito siempre ha sido escribir. Estudió su escuela primaria y secundaria en su pueblo natal, completando su grado Asociado en Secretarial y Bachillerato en Educación en la Universidad de Puerto Rico, Recinto de Río Piedras.

Es miembro de la Junta de Directores de la Asociación Internacional de Poetas y Escritores Hispanos, Capítulo de Puerto Rico, (AIPEH), ocupando la posición de Relacionista Público desde su fundación en el año 2010. En representación de AIPEH ha participado en programas de radio, eventos culturales, talleres de creación lteraria, charlas y otras actividades de promoción cultural. Organizó el Primer Encuentro de Poetas y Escritores Dominico Boricua, celebrado en Santo Domingo en noviembre de 2011.

Su historial profesional en Administración, Mercadeo y Ventas es extensa. Ha laborado para importantes empresas de la Isla, como Puerto Rican Cement, Empresas Rojo y Rolei Eléctrica.

Actualmente trabaja con la empresa Johnny Rullán & Co., como Supervisora del Departamento de Ventas y Vendedora de equipos para la industria farmacéutica y la industria de alimentos en Puerto Rico, República Dominicana y Costa Rica.

Premios:
Primer Premio en Concurso de Poesía Estrella de Oriente 2010
Premio Medalla de Oro AIPEH 2011
Tercer Premio Certamen de Poesía Cristiana – Octubre 2013 – Ámame como me ama Dios
Libros en proceso: Superficie y fondo – meditación y poesía
                      Flotaba sobre sus sueños – novela basada en su propia historia
                      Las hormigas de Sofía, cuento para niños

Ana Delgado

APASIONADO AMOR

Cuando me hablas de amor apasionado
abandonando los juicios y los dogmas
se llena cada poro de mi cuerpo
del deseo intenso de que me poseas

Quisiera que atrapada entre tus brazos
me consumieras con la misma pasión que un lobo hambriento
devorando su presa para saciar el hambre que lo mata
y el placer que mata… que ensordece los sentidos
hasta escapar del mundo que nos controla y ata

Esconderme en tu cuerpo como la perla en el centro de la ostra
donde nadie me encuentre, aunque me busque en los sinfines
del Universo
no poder gritar, pues posees mi boca, mi lengua entrelazada
con la tuya, solo gemidos podrá emitir y no palabras

Imaginar tu boca de lujuria navegando por mi cuerpo
tu lengua ardiente cortando mis deseos en pedazos
y el amor burlándose de todo lo que nos hace sus esclavos
de las culpas y causas… que nos mantienen separados

Sentirte en mí, penetrando hasta el punto más lejano
me quitas el aliento y me das el máximo placer que pueda
experimentar un ser humano
no hay espacio para la duda, ni para los principios
el espacio lo tiene nuestro amor infinito.

POETA

Cuando niña preguntaba, cómo puedo ser poeta?
De esos que mezclan las letras para dar bellos mensajes,
Los que expresan el coraje de forma tan elegante,
Metáforas con paisajes de los jardines del alma
Hablan con mucha elegancia para los intelectuales
Conocen la simetría, cómo se cuentan los versos
Los leía con embeleso, me extasiaba imaginando
Por los mares navegando en veleros de poetas
Aprendiendo sobre letras, como escribía García Lorca
Pero me quedé muy corta, sólo escribo sentimientos.

Sólo escuchaba al coquí y la luz del cucubano
Iluminaba mi mano, pues no tenía mucha lumbre
Sólo escribía por costumbre para despejar el alma
Para conseguir la calma que acallaba mi coraje
Cuando miraba el paisaje y el progreso estaba lejos.

Era un mundo sin reflejos, sin luz, sin grandes ciudades
Pero escuchaba mensajes describiendo amor profundo
Con las décimas de Cundo, era un pariente cercano,
Con la música en sus manos, tocaba bien la guitarra,
El le cantaba a la jalda, a las mujeres bonitas,
Mencionaba palomitas que circulaban los cielos
Derramaba sus anhelos del amor nunca encontrado

Los cantares de mi padre, que ahora sé que era poeta
El sabía ponerle letras a todas sus emociones
Podrían ser bellas canciones en el arte tan moderno
Pero se las llevo dentro, nunca las pudo escribir
Dejó inspiración en mí, por eso escribo poemas
Aunque no me dio los temas siempre los pude sentir

No conocía a Elsa Tió, ni tampoco de Olga Nolla
Pero sí las caracolas que enrolladas en mi mente
Me hacían sentirme ausente del cotidiano vivir
Yo nací para escribir y expresar las emociones
Que me sanan las lesiones que la vida me va dando
Porque aunque me estén matando el dolor y la amargura

Le escribiré a la ternura, al amor, la fantasía
Escribo con alegría lo que me entristece el alma
Pues los versos en mi sanan el cáncer que es el coraje
Vuelvo a mirar los paisajes, colores, luz y esperanza
No hay lugar para venganzas, ni para las decepciones
Tengo un jardín de ilusiones donde quiero cultivar
Flores de alegría y de paz, bajo el árbol del perdón
Porque pongo el corazón en cada verso que escribo

Escribo para el amigo, y para el que no me ama
escribo porque me llama la voz de mi sentimiento
escribo para ser miembro del mundo de los poetas
para sentirme de fiesta en lugar de estar llorando
escribo y sigo sanando heridas del corazón
porque le escribo al amor… aunque me siga matando.

MAÑANA DE LUNA

La oscuridad del sueño dominaba aún
cuando un intruso rayito de luz entró por la estrecha ranura
que quedó por descuido al cerrar la cortina
los párpados pesados se niegan a moverse
pero el rayito intruso insiste, levántate mujer, levántate
se acabó la noche

Valía la pena vencer a la pereza
para maravillarme con la excelsa belleza
el anaranjado del atardecer se convertía en rosado,
en rosado, o tal vez en violeta, que sobre el tenue azul del cielo,
la luna aún maquillada parecía decirme que se acabó la fiesta

Bella, llena, hermosa, misteriosa
como la ven los poetas
luna, luna … ¿por qué hoy me despiertas?
vigilabas mi sueño, lo sé
queriendo adivinar quien estaba allí dentro

Si ya lo descubriste, mejor guarda silencio
no quiero me delates, no quiero que lo digas
ni siquiera a un lucero
espera, espera luna, tal vez él te lo diga
cuando despierte ahora y mirando hacia el cielo
te convierta en poesía.

SUPERFICIE Y FONDO

No me busques en la superficie donde descansa la espuma
donde flotan las migajas que los pájaros dejaron caer
cuando abrieron sus picos para cantar al amanecer,
allí, donde la quietud del agua se convierte en espejo al reflejar tu cara

Allí donde el aire hace surcos dibujando caminos por donde no andas
donde el azul se convierte en brillante plata cuando el sol con su luz
pinta ilusorias figuras que idolatras

No me busques bajo el vuelo de las mariposas que van dejando el polen
que quitaron a la rosa y esconden bajo sus coloridas alas
Búscame en lo profundo, allá bajo la roca o el cascajo
que te dará trabajo alcanzar y exigirá de tu fuerza para levantar
lo que me atrapa

Búscame dentro del caracol, que en cada vuelta deja un rastro de
amor, en el centro de la ostra, donde descansa una valiosa perla
no me busques ni en lo fácil, ni en lo sencillo,
allí jamás me encontrarás porque allí ya no vivo

TE AMARÉ EN SILENCIO

Te amaré lentamente, en silencio, despacio

Con la quietud que tiene el agua de un lago

En un día sin viento… sin ruido,

Con la quietud que muestra la roca

Cuando la azota el viento

Que nada me delate, que nadie lo adivine

Que nadie sea capaz de destapar el cofre

Donde guardo tu amor para que no te toquen…

Y cerraré mis ojos, pues el brillo de amor, podría delatarme

Me morderé la lengua para no gritar tu nombre

Cuando duela tu ausencia…

Y encogeré los brazos para que nadie sepa

Que me muero esperando por tu abrazo de cerca

Caminaré despacio para llegar hasta ti sin hacer ruido

Cuando en tus sueños me beses con amor y delirio

Me acostaré a tu lado… ya conoces mi espíritu

Y haremos el amor sin que haya un cuerpo

Solo un amor Divino como el nuestro puede hacerlo

Y seré siempre tuya y siempre serás mío

Ni los mares, ni el viento, ni la distancia, ni el profundo silencio

Apagarán el fuego que quema nuestros cuerpos

Y aunque ya no viviera en este mundo nuestro

Te esperaré en el cielo con este amor eterno

ABRÁZAME HOY

Ayer cuando nos despedimos... no me abrazaste como sueles hacerlo

Extrañé el calor que dan tus brazos cuando amorosamente cubren todo mi cuerpo

Una nube de angustia se hizo grande anunciando tempestad en mi camino

Y llegué hasta mi casa en aguaceros, no de agua, sino lágrimas, de sollozos y gemidos.

Abrázame hoy no esperes a que mi cuerpo pierda el calor que lo mantiene vivo

Abrázame antes de que se vuelva inerte y que mis abrazos se vuelvan rígidos

Como dos tubos de hierro fríos, duros... que no pueda moverlos para devolverte

La otra parte de ese abrazo compartido

Abrázame hoy cuando mis ojos aún conservan el brillo, cuando a los tuyos miro

No esperes a que se apague la luz con la que puedes ver el sentimiento mío

Abrázame hoy cuando mi lengua puede moverse para decir, te quiero

No esperes a que solo un balbuceo intente hablarte y nunca

Escuches mi último deseo.

Abrázame hoy cuando aún puedo devolverte el amor en un abrazo

No pospongas tu amor, no te lo guardes porque tal vez mañana…

Mañana, ya no tengas, ni mi cuerpo, ni mis ojos, ni mis brazos

Así de frágil y volátil es la vida y nada puede evitarlo

Abrázame hoy que aún estoy viva y que puedo sentir como me amas

No pospongas esa forma especial al abrazarme

Porque nunca sabrás si habrá mañana… y extenderás tus brazos

Hasta el cielo y tal vez solo puedas abrazar a alguna estrella

Que cegará tus ojos con su luz y llenará tu alma de tristeza

El lucero fugaz que intentes abrazar se escapará burlando tu tristeza

Abrázame ahora que me tienes, no me busques mañana

Allá en el cielo, pues tendrás que competir con las estrellas

Y pelear cuerpo a cuerpo con todos los luceros

Abrázame ahora y di te quiero, como yo te lo digo en este instante

En el simple y sencillo poema que te escribo… te amo ahora y no mañana

Yo no voy a competir allá en el cielo, con las estrellas, con la luna o con luceros

Yo no puedo esperar a estar inerte para decirte cuanto te amo… ahora… hoy

Y no siento vergüenza al confesarte que tu amor es más grande que lo eterno.

ÁMAME COMO DIOS ME AMA

Cuando me hablan de amor
suspiro y miro al cielo
quien podrá regalarme, la luna, el sol
y un cielo siempre lleno de brillantes luceros

Aspirar a un amor tan grande y tan sincero
es como pedir que el mar pudiera recogerse
como apagar el sol para que nadie viese
donde está el gran amor que me das cada día
sin preguntarme nunca como yo te amaría

Que me ame como Dios, así nadie amaría
Él no pone condiciones, Él siempre tiene tiempo
para escucharme, tiempo para cuidarme;
si siento calor me envía al viento para que me refresque
si tengo frío me envía al sol para que me caliente

Si siento miedo me cubre de colores con el arco iris
y si tengo dudas alumbra mi alma con la luz de la luna
Quien sino Él puede darme tanto por tan poco
y si olvido dar gracias no le provoca enojo

El amor que Él me ofrece no reclama, sola da
no pregunta, complace
no cuestiona, bendice
si me amaras como Dios me ama
entenderías por qué
hay seres en la tierra que pueden ser felices.

Ana Delgado Ramos
26 de octubre de 2013
Certamen de Poesía Cristiana AIPEH

HABLARÉ CON EL VIENTO

Si no puedes hablarme

por mí no te preocupes

hablaré con el viento

él y yo somos libres

ni a él, ni mí nada nos controla

nada nos limita

Camina, cabizbajo, pensativo

tal vez triste

pero no me lo digas escribiéndome versos

quiero que tu poesía tenga sonido y voz

pero sobre todo que tenga tiempo

Si no puedes hablarme deja que sea el viento

quien todo me lo diga

quien acaricie mi cuerpo y alimente

la idea de que aún estoy viva

El tiempo se te escapa

en carreras continuas

que van de norte a sur

pero nunca terminan

Si no puedes hablarme

el viento, sí me escucha

y parece entender lo que le digo

el no me pide tiempo, siempre está libre

siempre está atento

Puedes quedarte allá, ocupando tu tiempo

yo no me siento sola

sigo hablando con él… el que más me acaricia

hablo con el viento, que nunca tiene prisa.

SOY

Soy una gota de agua danzando sobre la hoja de tu débil recuerdo

Esfumándose al calor del sol o al simple soplo del viento

Esa gota que se pierde en el inmenso mar de tu indiferencia

Rescatada por delfines de esperanza para vivir tu ausencia

Soy el rayo de sol que torna borrosa tu visión en la mañana,

La nube de arena en el desierto que lacera tu cara

La empinada cuesta que reta tu vagancia

Para que de algún modo te ganes la esperanza

Soy la raíz intrusa que el árbol de tu vida a la tierra afianza

Para evitar que caiga con la simple ventisca

O para que se mantenga erguido, verde y fuerte para enfrentar la vida

La que solo no sabes como la enfrentarías

Soy la ola gigante que tu barco rescata en tus viajes absurdos

Por el mar de la confusión sin brújulas ni mapas

Soy el puerto al que llegas sin estimar la fecha, la hora, ni motivo

Quien dibuja tu mapa de regreso cuando extrañas tu casa o tu lecho

Soy los oídos dispuestos que escuchan tus locuras

Aventuras y cuentos, los que a veces inventas

O que a veces son ciertos

Autora de tu historia sin principio, ni fin, pero una historia

Soy solo la aurora del día en que recuerdas que yo puedo existir.

Aleli Matizado

Soy una gota de agua danzando sobre la hoja de tu débil recuerdo

Esfumándose al calor del sol o al simple soplo del viento

Esa gota que se pierde en el inmenso mar de tu indiferencia

Rescatada por delfines de esperanza para vivir tu ausencia

Soy el rayo de sol que torna borrosa tu visión en la mañana,

La nube de arena en el desierto que lacera tu cara

La empinada cuesta que reta tu vagancia

Para que de algún modo te ganes la esperanza

Soy la raíz intrusa que el árbol de tu vida a la tierra afianza

Para evitar que caiga con la simple ventisca

O para que se mantenga erguido, verde y fuerte para enfrentar la vida

La que solo no sabes como la enfrentarías

Soy la ola gigante que tu barco rescata en tus viajes absurdos

Por el mar de la confusión sin brújulas ni mapas

Soy el puerto al que llegas sin estimar la la fecha, la hora, ni motivo

Quien dibuja tu mapa de regreso cuando extrañas tu casa o tu lecho

Soy los oídos dispuestos que escuchan tus locuras

Aventuras y cuentos, los que a veces inventas

O que a veces son ciertos

Autora de tu historia sin prinicipio, ni fin, pero una historia

Soy solo la aurora del día en que recuerdas que yo puedo existir.

Aleli Matizado

Gladys Viviana Landaburo

Argentina

Escritora, poeta y editora, nacida en Gral Pacheco - Bs As - Argentina, resido en la ciudad de Cosquín, (ciudad del mismo país). Hace años que participo compartiendo mis letras en foros internacionales, habiendo sido administradora en alguno de estos, y desde donde he trabajado para promover las letras acompañando a los autores y caminando junto a ellos en iniciativas como editar y publicar su obra para perpetuarse más allá del tiempo.

Actualmente, soy administradora de los grupos Facebook:

"En el Sendero de las letras"

https://www.facebook.com/groups/1375246246048623/

"El Eco de las Musas"

https://www.facebook.com/groups/ELECODELASMUSAS/

- Productora y conductora del programa de radio " El Eco de las Musas", que se emite por Radio Portal de Punilla FM 103.5 y también on line: www.portaldepunilla.com.ar

Gladys Viviana Landaburo

HABRÉ SIDO

Cuando al mirarme tus ojos
permanezcan sombríos
tus impulsos inmutables
y ya no encuentres motivos
para acelerar tus pasos

para ir a contramano
remar contra la corriente
e intentar ganarle
a la velocidad del tiempo…

Habré sido ya
debajo de esa piel
adonde respiraba…

CRECER…

Transcurrir de los segundos
que evaporan las horas,
los días…
que marcan el retorno
a la memoria
en donde
cara a cara
con nuestra alma
sin engaños
vemos cristalino
quienes somos…

Y qué es la vida sino:
un crecer para morir,
un morir para crecer…

SERÍA PALPITAR EL INFINITO

Estar contigo:
sería palpitar el infinito,
cuando mi alma te
convoca desde sí
para enajenar sus sentidos
al sucumbir sobre esta dermis
que te ansía y se estremece
porque ahí estás...

Sería como desvelarse en medio
del más impetuoso terremoto,
luego ser cautivo de un maremoto,
para siendo núcleo de tus extremos,
resucitar en esa calma...
donde mis entrañas ...,
sedientas cual arena ardiente,
encuentran su corona plena
a la vera de un oasis

¡En el derrame de tu deliciosa
y ardiente vertiente de vida!

SOY MUJER

Nací
para ser compañera
para ser amante
para ser esposa
para ser madre

Nací
para compartir
desde el amor

y al tropezar conmigo
en mi condición
de ser "MUJER"
supe
que la dignidad
se amasa
defendiendo la libertad
defendiendo el trabajo
defendiendo la justicia social
en su igualdad

y con la fuerza propia
de un huracán
levanté mi voz
para luchar contra la opresión
para luchar contra la discriminación
y fui protagonista en la historia

Soy Mujer ¡Protagonista
en la historia de la humanidad!

DIME POR QUÉ

Dime qué haces ahí
coqueteando bajo la luna de cristal
embelesando con tu miel
a cuanta alma desprevenida
camina por tu senda.

Dime por qué
te deslizas impune
derramando tu hechizo
encandilando corazas
que se desprenden
con el influjo de tu alma.

Dime por qué
te complaces en seducir
a quienes solo para ti
serán un trofeo más
en las conquistas
de tu corazón dormido
para ser guardadas entre telarañas
en el arcón del olvido

Dime hombre
dime por qué

Emanas de tu alma
nostalgia que carcome
para ser solo un cadáver
de aquel puro amor que fuiste
y desde el cual
mutando en veneno
lo inyectas a quienes hoy...
como ayer tú
¡solo buscan amor!

HASTA QUE LA MUERTE NOS SEPARÉ

¡Hasta que la muerte
nos separe…!
Así nos juramos
una unión inquebrantable
con intercambio de alianzas
y la firma de un contrato
contrato que marco legal diera
a nuestra unión en Matrimonio
la que desde lo espiritual
solo encontraría su extinción
cuando la muerte
convocase a uno de los dos…

Mis oídos
día a día
sufren murmullos
que del desprecio nacen
y anidan en mi alma
para socavar mi sentir

Mi piel
día a día
conoce el embate
de puños cargados
por la fuerza y violencia
que descalifica
y tiñe de dolor
todo mi ser

Hasta que la muerte nos separe:
¡hasta ahí
no me quedo!

BAJO LA PIEL

Entrelazados, abandonados
huérfanos de pudores,
los furtivos amantes
sucumben a la cita
 convocados por la urgencia
 de sus poros sedientos
 tras deseo inexcusable
 de la memoria de las huellas
 que atesoran bajo la piel

Sin nada importar
viviendo clandestino
ignorando los minutos
que mueren a las sombras
entre caricias que brotan
robadas a la vida,

agujas del reloj que giran
piel sosegada... complacida
hasta el próximo aullido...

AQUÍ DONDE EL DESEO…

Encuéntrame aquí…
En la línea ondulante
de mi deseo conspicuo:
¡que te quiere!
cómplice te quiere, al embriagarte,
en insinuantes fragancias,
que brotan a 39°,
que someten… que acorralan
en un ardor candente
de insoportable placer

y un anhelo vehemente… Irrenunciable,
y esa vertiente inagotable,
que en plena ebullición
al ritmo de tus huellas digitales hurgando,
en zonas restringidas… reservadas,
esas las que gozan del privilegio único,
de ser ellas las elegidas,
para apoderarse de la miel que
derramas, entre caricias y susurros
cuando la flor de mis pensamientos
se agiganta, te convoca,
para que me encuentres aquí…

Aquí donde el deseo
es el único tirano…
Aquí donde nuestra alianza es,
a nuestra entera satisfacción.
Aquí donde los límites,
no gobiernan la escena,
y se escurren prontamente,
en un mutis por la tangente.

Aquí donde entregados
entre agridulces ósculos,
cuando nuestras partes sucumben
en un aullido extasiado… acallado,
tras sinfónico desenlace.

¡Aquí donde cuando me encuentras
te encuentras... Te encuentras en mí!

NOS RECONOCIMOS

La flama sempiterna
nos atrajo fulgurante
y juntas
nuestras almas sucumbieron
embelesadas se prendaron
arribando magnéticas
estallando en regocijo
al mirarse reflejadas
dos esencia extasiadas
se fundieron de inmediato.

En el cosmos
nuestra senda
grabada ya estaba…
¡Solo nos reconocimos!

Glendalis Lugo

Puerto Rico

Biografía de Glendalis Lugo

Pero yo estaba hecha de presentes, y mis pies planos sobre la tierra promisoriano resistían caminar hacia atrás, y seguían adelante, adelante, burlando las cenizas para alcanzar el beso de los senderos nuevos.

A cada paso adelantado en mi ruta hacia el frente rasgaba mis espaldas el aleteo desesperado de los troncos viejos.

(Julia de Burgos 17 de febrero de 1914 - 6 de julio de 1953)

Nació un 29 de agosto de 1973 en Maunabo, Puerto Rico. Su pasión por la poesía fue naciendo desde adolescente amaba la lectura y su rincón favorito era la biblioteca. Su poeta inspiradora fue Julia de Burgos, desde el día que conoció su poesía amo su versar por su profundidad y nostalgia, la cual la inspiró a crear su propia poesía con el fin de llegar al corazón de los lectores al ellos reflejarse de alguna manera en sus versos. Ha publicado dos poemarios llamados Susurros del Corazón y Crisálidas, también ha participado en varias antologías poéticas como Versos Compartidos: veinte poetas una pasión, Alma y corazón en letras: con derecho a réplica y La liga de Poetas del Sur. Participa en un pograma radial llamado Susurros del Alma junto a Sergio Sánchez (cantautor y poeta de Argentina) donde se difunde la obra de los poetas gratuitamente. Junto a la poeta Gladys Viviana Landaburo administra un foro de poesía también llamado Susurros del Alma donde los poetas pueden publicar y compartir su poesía.

Glendalis Lugo

AUSENCIAS NECESARIAS

A veces me rijo por
ausencias necesarias,
me ausento de la brisa confusa
que fustiga el crepúsculo
me ausento de la tristeza obsesiva
apostada en mis días
me ausento de noches frías
causantes de un corazón en partículas
feneciendo en angustias
¡me ausento de ti!
de tus manías
de ese ir y devenir
de un mundo desconocido
muy tuyo
al cual nunca he sido invitada,
de tu indiferencia exigida
y de tu creencia que todo esta bien
mientras en mí
se rigen otros universos
en los cuales alguna vez
anduviste
sin embargo
un día se borraron tus huellas
y me ausento
¡sí!
me ausento en ellos
de alguna forma mi ser
mi otro yo
tienen que ser libres
y encontrar
las alas que con derecho exijo
para que esas ausencias necesarias
abran las puertas
a mi ansiada libertad.

HOY: ¡HOY YA ES TARDE!

Víctima de Violencia Doméstica,
así dicen que fue:
¡Mentira!
fue víctima de sí misma,
de la gente
de su prejuicio
de su orgullo,
"pobrecita fue víctima de su marido"
¡así dicen!

Si supieran que el miedo:
te paraliza
te vuelve escoria
te aniquila
la autoestima se desvanece
y te hace presa fácil.

Vives en un escudo
a la sombra de una mentira,
te detienen unos ojos inocentes: tus hijos
te detiene ese perdón sucio de la boca del que te golpea
y después se acuesta contigo,
"pobrecito algo le pasa
soy la culpable
debo hacerlo mejor"
excusas baratas cuando la palabra amor te vuelve estiércol
y te encadenas a la fría tumba de tu alma:
Hoy será la última vez
y vuelves a caer.

Hoy fue la última vez sí
pero esta vez el piso se enloda con la sangre
de tu victimario
se te mancha el corazón
¿Cuántas veces tuviste la libertad
de perderte en la neblina de la felicidad
cruzar el destierro de un infierno
pero como víctima de ti misma

permaneciste en la jaula de una casa,
y del estigma de la mujer divorciada?

Hoy te esperan unas puertas
las que agigantarán tu miseria:
las de una cárcel
y las de la soledad
esa… de la que siempre escapaste.

Hoy: ¡Hoy ya es tarde!

PALABRAS

Hay Palabras...
Poderosas
altivas
estrepitosas
que aterrizan en la fosa de mis desvelos
juegan con el entorno
que naufraga en mis pupilas,
palabras secas
sin espíritu
envueltas de miedo.

yo...
fluyo entre ellas
renazco
me oculto
me escondo
toco fondo
maldigo
son palabras que han logrado su cometido
traspasar mi silencio
para que sienta
para que padezca
y que de mis venas se atajen rutas
con destino valiente
no desecho de sombras

o de cobardías
por solo sentir
el palpitar de mi corazón
estremecido de nuevo.

DICES

Dices
Que mis pies tambalean
Atravesando el olvido
Dices
no reconocer mi figura,
que sílfides de alas rotas bañan mi cuerpo
en un confín del averno
que vivo atrapada de tu recuerdo
y te llevo muy dentro.
Dices reconocerme
pero eso…
no es cierto
Yo…
no te reconozco
y si anduve en tus ansias
murieron en mis pasos como siglo desecho
Dices
y dices
mas mi alma continúa silente,
sosegada en océanos de terciopelo
en estado pasible
apartada del eco
inconsecuente de mi nombre
dices…
y se pierde tu injuria
en sombras soterradas
yo…
ya no te escucho…
ya no te espero…

MÁCULA

¡Soy
o dicen
que soy!
Mácula:
ese punto intruso
"que molesta
en tu entorno
o en el de ellos"
¡te rabia el no poder borrarla!

Ellos
desesperan al verla
¡porque es eterna!
como anhelé que fuera tu amor
y aquel beso que aceleró mi corazón

¡No soy mácula!
puedo ser borrada
"con solo asirte de otra mirada"
y que olvides que existo

¡Así seré tachada!
el día que cierre los ojos
y yo muera en ellos
pero ahora:
solo soy
"una mácula"
que trastabilla tu "ser"
que desvía tu mirada
y te recuerda:
que habite en tus entrañas
"y fui tu sol en la medianoche"

¡Mas ahora
no soy nada!
solo una mácula
fidedigna
esperando que me borres de tu alma.

CÁRCEL SIN NOMBRE

Tardes,
mañanas
noches incompletas
abundan ante mí,
puertas que cierran
y encierran mi libertad,
soy esclava
de la misma incertidumbre diaria
que me agobia,
de una mesa vacía
adornando un comedor
de recuerdos latentes
de las cenas concurridas que anduvieron en esta cárcel sin nombre
de las suaves risas estremeciendo el entorno
de el tintineo de copas
de velas encendidas
que fueron fantasmas de un ayer
de una felicidad efímera
que acabó donde nació el viento.
fue tan escasa
tan corta
tan desquiciada
que injusta abandona mi senda
cada vez que cierro la puerta a mi realidad
y cabalgo en la soledad de una casa.

REINCIDENTE

Reincidías en mi piel
como fiel criminal
criminal elocuente
transitando en mi deseo,
y yo
era esclava cegada
a los remilgos de tu presencia,
nunca esperé más
solo reincidía en tu egoísmo
perfecto burlador de mis ansias.

la falta de amor sincero era latente
solo éramos pieles atadas
a los vestigios de lo que aconteció
o pudo ser,
reincidíamos cada vez y cada vez
en el machismo enfermo
de una sociedad
y de la costumbre encumbrada
llamada matrimonio.

IMPERFECTA

y yo
que cada vez que veía la luna tan brillante
excelsa
y firme
creía que el amor era así
perfecto y sempiterno,
sin embargo
nadie me dijo que la luna tenía dos caras,
nadie me dijo que el amor se vestía a veces de bufón
despojando corazones
maniatando la razón
y que existían sinsabores,
esos mismos aguerridos
al verte pasar
sonriente
enamorado
con ella,
ella que fue no fue invitada a nuestro idilio
que se robó lo exiguo que sentías por mi
y me enseñó que el amor también desgarra
y que las lágrimas no sirven de nada
cuando la luna deja de brillar
y vacilante se esconde detrás del horizonte.

SIN SOMBRAS

Y se fue el cielo;
junto a él
mi miseria
mi ignorancia
mi machismo inconsecuente
mi fragilidad
"porque sin él" ¡no era nada!
y mi vida se debatía
entre las horas de su ausencia,
¡sus ojos no mentían!
era yo ausente en ellos,
solo su figura transpiraba
en algún recodo de la casa

Lo dejé ir un día de lluvia
"lo dejé ir un día"
en que en mi alma no había sombras
aquellas despechadas, que
reclamaban sangre ¡Venganza!

Le dije: huye de ellas
que no te alcancen,
¡sé luz
sin mi sombra!

Ester Migoni

Argentina

Biografía de Ester Jovita Barberá Migoni .

Docente, escritora y poeta, nacida en San Miguel de Tucumán. He residido en diversas ciudades de mi país además de New York. Actualmente resido en la ciudad de Villa Constitución, Pcia. de Santa Fe en Argentina.
He perdido la memoria de cuál fue el momento que comencé a escribir mis cuentos y poesías ... pero podría decir que en mi adolescencia se incrementó sobremanera , cuando mis compañeros de escuela secundaria me encargaban acrósticos para sus amados/as .Además de participar en las conmemoraciones escolares, escribiendo y recitando mis escritos.
En esta ciudad , cada año, se convoca a poetas y narradores villenses a participar en la Antología de poetas y narradores locales y luego se presenta en la Feria del Libro que auspicia la Municipalidad en la cuál participo cada vez que me es posible .Varios de mis trabajos han sido incluidos.
Mi primera publicación ha sido en la Revista de Psicología Social de la ciudad de Buenos Aires con motivo de la celebración del día de la mujer en 1963 con mi poesía llamada justamente "Mujer..."
Es un gran halago que Gladys Viviana Landaburo me haya convocado para participar de la edición de Las Cortesanas de la Poesía : Entre la cocina, los libros y la alcoba ...
¡¡ Gracias amiga ... bendiciones ...!!

Ester Migoni

ALLÁ EN LA COSTA...

Todo está como entonces,
 como apenas nacido.
Igual que siempre,
rumoreando va el río.
Secreteando la playa,
sus silencios y los míos.
Las canoas que pasan,
juguetean la orilla,
arrastrando arabescos
que formando va el río.
Todo está como entonces
como apenas nacido.
Sea invierno o verano,
me recuerdan lo mismo.
Pies descalzos, traviesos,
que desnudos reían,
sin pensar en la pobre travesía,
del que vive en la costa,
 secreteando al río
 de su hambruna,
su frío, su soledad, su estío.
Allá en la costa ...
todo está como entonces,
como apenas nacido.
Sapucai que estremece
 de la noche el silencio.
Sapucai que enardece
 la bailanta entre medio.
 Chamamé que hace ruido,
chamamé que es requiebro,
 es sonido y junto con eso
 su lamento susurra
 muy cerquita a mi oído.
Todo está como entonces
 y florecen los nidos
y se mueren los sueños
y del río soy dueño.
Pero todo está como entonces

como apenas nacido.
Susurrando va el río
y en mi tierra, el isleño,
muere de hambre y sus sueños,
tienen mucho, mucho frío ...
todo ... todo está como entonces
a pesar que ha creído...

TE NECESITO

Te necesito amor...
lloro por ti...
lloro sin ti
lloraba contigo... de amor y emoción...
cómo se sigue extrañándote tanto...
necesitándote tanto...
y suspirando porque no te tengo...
y suspiraba cuando te tenía...
Cómo se sigue sin escucharte...
sin acariciarte...
sin sentir tus besos...
Cómo se sigue sin ti...
Si cuando despierto tú estás en mis sueños...
y en mi vida también...
y cada día te espero...
y sin ti me muero...
y nada es igual si no estás...
y ya ni las lágrimas tienen sentido...
ni los suspiros sonido...
ni están tus besos queridos...
Me enseñaste la dulzura...
contigo aprendí la ternura...
y por qué no me enseñaste cómo se vive sin ti...?

VIENES POR MÍ...

Sabía que vendrías ... agazapada en cualquier día o cualquier noche ..
Apareciste en sombras ante mí ... y sin embargo,
una galería lumínica me guiaba hacia ti ...
decorada a mi paso de rojo carmesí ... tus uñas de negro ...
y de negro tus labios también ...
pero tu sonrisa , llena de fascinación ... me atrapó...
y te seguí ... y con tétrico sigilo lacraste mis ojos ,
ellos... dóciles, se dejaron cerrar ... y yo no espié ... confié ...
y aún, no sé por qué.
Tu mano de nieve , con falanges diestras, sujetaron las mías ...
y fue mejor que estar sola ... y me entregué sin resistir ...
y casi fui feliz... me sentí elevar... levité...
onírico y fugaz el camino de luz se abrió hacia la eternidad.
Los lobos aúllan a mi alrededor y
los cuervos escudriñan mis despojos ...
... que vengan ... todo les regalo ...
y dejen a mi alma impune, volar sosegada hacia ti ...
Hace mucho te esperaba ... susurré sin voz ...
al fin estás aquí ... y mientras ruidosa, la tierra tapa mi cajón,
oigo a todos llorar...y yo soy feliz ... has llegado muerte ...
te veo sin ojos ... te acaricio sin manos... te miro sin ver...
tu tiniebla se aclara y tu obscuridad, ahora es luminiscencia...
como antorcha de gloria, los ángeles de blanco,
ya vienen por mí... y me dejo llevar...
y ya no estoy sola... has llegado muerte... y vienes por mí

TÚ Y YO ...!!

Tus huellas sobre mi piel se imprimen ávidas y cálidas...
Tus manos hábiles plantean un infierno pasional, y
derriten mi ser, codicioso de vehemencia física...
Tus besos... devoran mi entusiasmo en fragoroso ardor...
Tu mirada irresistible, desnuda mis sentidos presurosos...
Tu seducción no limita mi sentir... ni
tus sábanas mojadas, que arden alienadas en mí...
Tus cabellos enredados en mis dedos,
se llueven en mi vientre sin pedir...
Tus espasmos ventrales han nacido...
...y furiosos... tú y yo...
ya no somos dos...!

POEMA SIN NÚMERO...!

"Puedo escribir los versos más" alegres este día...
"Escribir por ejemplo"... el amor existe y lo digo apasionada...
el viento de la vida, hoy sopla mis heridas y las cierra para siempre...
Puedo hoy escribir la prosa más alegre de mis días ...
me indican que estoy viva y viviente...
Pensar que nada me ha sido negado...
sólo que no lo percibía...
Busqué amores negados... perdidos...
y los busqué tercamente...
"ya no lo quiero, es cierto, pero cuando lo quise fue bello"...
aún así " mi alma se contenta con haberlo perdido".
Ya tus ojos no aparecen ni en las noches estrelladas y...
mucho menos en mi almohada ...
ya no te quiero... ni te amo...ni te espero...
ni te sueño ... ni te encuentro en las noches estrelladas...
ni en las cistas mojadas... ni en cenas amorosas...
ni en aquella canción... ni en aquel olor... y
ni te extraño... ni te pienso en mis noches de insomnio ...
y quizás... " estos sean los últimos versos que te escribo".

¡Gracias Pablo Neruda y perdón por osar inspirarme en Poema 20...!
Las comillas le pertenecen...MAESTRO !!!

Ester Migoni

ERES TAN BELLA...!

Hoy he decidido sólo contemplar tu belleza ...
Siempre te miro y admiro... eres misterio y magia ...
eres poder... energía vital y fortaleza...
y aunque eres perpetuamente la misma...
nunca te muestras igual...
sólo un ojo experto, puede verte cambiar.
Hoy he decidido verte, como quizás nadie podrá...
eres bella aunque mutante... y tal vez es tu secreto...
ese... que jamás revelarás...
Tus formas y tus colores, son reflejos de tu luz...
son atracción para todos....
y hay quien por ti ,no dormirá.
Tantos sortilegios encierras que jamás develarás...
tantos amores tú escondes bajo tu divinidad...
que los amantes te esperan... te buscan...
y tú dichosa de atraparlos y ser compinche fortuito...
de abrasos y abrazos... de besos y urgencias...
 todas bajo tu lascivia y tu luz... que hasta Luzbel huye...
también teme tu autoridad ... y tú ...
con rostro cambiante y sin igual...
alumbras a los que se aman y a los que no...
El mar te espera sereno... para juguetear contigo...
y compite con el lago... que tranquilo aguardará...
y tú... pícara e inquieta, los acaricias sin parar...
Hoy tu embrujo me apasiona...
y también yo caigo en tus brazos...
y espero... tus mimos... halagos... besos y roces...
y me engañas nuevamente...
y transmutas tus violetas... y la negrura se va...
y dejo nuevamente que tu hechizo me envuelva... luna ...
Hoy... me has vuelto a enamorar...

PUEDES...

Puede alguien hacer que sonrías ...?
Puede alguien hacerte feliz ...?
Puede alguien acallar tu corazón ...?
Puede alguien cerrar tus labios con amor ...?
Puede tu amor abrir mi alma estéril de pasión ...?
Puede tu alma unirse a la mía...?
Puede explicarse que el amor existe ...?
Puede negarse el cielo azul en una tarde de primavera ...?
Puede apagarse la luz del sol ...?
Pueden frenarse las olas del mar ...?
Pude tu pecho dormir sobre los míos ...?
Puede tu vientre palpitar el momento ...?
Puede tu piel ser de canela y miel ...?
Puede un orgasmo representar la muerte ...?
Puede entonces perpetuar la vida en un instante y ser de ella el puente ...?
Puede ese puente estallar de emoción y quebrar tu corazón ...?
Puede tu corazón darme paso y comenzar a jugar ...?
Puede este juego ser cósmico e infinito de penetración ...?
Puede alguien ... puedes... puedo... podemos ...?

NO MIRAR ATRÁS...

Si caíste ... no llores...
Si lloraste... levántate...
Si te levantas... sigue con paso firme hacia adelante y no sufras ...
Si sufriste ... elige reír a cambio...
Si ríes... olvidarás llorar...
Si lloras ... que sea de emoción al perdonar...
Si perdonas... el camino se abrirá a tus pies para que puedas seguir...
Si sigues ... jamás olvides soñar...
Si sueñas... que sea con los ojos abiertos...
Si abres tus ojos... no olvides abrir tu corazón...
Si abres tu corazón... sufrirás menos...
te levantarás cada vez que caigas...
no llorarás por seguir tu sendero...
perdonarás siempre... especialmente tus errores y...
reirás, llorando sólo por amor... sin mirar atrás...

INTENTAR...!

Mentir ... cuántas veces sufrimos por hacerlo...
o porque alguien lo hizo con nosotros...
ocultar palabras que nadie encontraría...
Suspirar ... por lo dicho... o por lo no dicho...
por lo oído... o no...
Mentir... suspirar... llorar por mentir y que te mientan...
por suspirar despierto... y aún soñando...
Soñar... dormido o con los ojos abiertos...
soñar siempre... y jamás olvidar... y llorar...
Llorar... cada vez que lo sientas...
hacerlo de emoción o dolor...
siempre es de sanación...
Mantener el corazón abierto todo el tiempo...
el alma inquieta por volar...
Volar... con las alas sanas... o no...
Volar y sobre volar tus sueños... y así despertar...
Volar alto para conocer nuevos cielos... y
Volar bajo..."donde está la verdad" (Facundo Cabral.-)...
Volar para no morir...
Volar nuevas rutas y siempre intentar...
Intentar volar... soñar... suspirar... llorar...
no mentir... y especialmente no mentirte a ti... jamás...
Intentar... pintar... bailar... escribir... leer...
cantar... caminar a orillas del mar... o
por cualquier orilla que sepas encontrar...
Intentar hacer magia...
sobre todo la que te lleve a la felicidad...
Intentar meditar... respirar lento y profundo... e
intentar viajar en un viaje eterno y de paz ...
Intentar alejar la tristeza...
sanar las heridas... y cuando intentes morir...
que sea en un orgasmo pasional...
Intenta amar... intenta vivir y...
ser un experto en sólo intentar...
Intenta olvidar... intenta aprender y...
desaprender y particularmente intenta aprehender...
Intentá...

MATERNIDAD...

Tus senos liban el néctar blanco de la vida ...
Tu vida se desarma en tus brazos ...
entrelazados alrededor de quien amamantas...
Tu alma se deshace ante la ternura invisible
de una mano regordeta ... rosada y cálida
como sol de primavera... como pétalo tibio y húmedo...
Tus días devanados con hilos dorados de tu maternidad en flor...
Tus pechos mancebos... ávidos del amor de un hombre,
jamás soñaron la glotonería del vástago que tu vientre germinó...
Tus lágrimas del requiebro infante, corren hoy con amor sublime...
Tus ojos aún no saben que seguirán...
derramando emociones eternas, ante ese crío ya hombre...
Tus entrañas serán perpetuas ante ese pequeño niño-humano...
aquel que te inmortaliza aún sin pertenecerte...
hijo de la vida... regalo áureo que te emociona de amor...
y lo hará hasta el final... el tuyo... el de él...
y lo miras... y lo dejas succionar la vida ...
atravesando el Universo hacia su esencia ...
flotando con él... fluyendo en él... amándolo sin fragor...
sólo donando el licor blanco de la vida y el amor...
Tu existencia, entonces ya no es tuya... pero sigues igual...
abrazando suave la belleza erótica que nació de vos...!

Fabiana Piceda

Argentina

La señora Fabiana Piceda nació en la ciudad de Santa Fe, aunque vivió casi toda su vida en la ciudad de Las Toscas. Su padre fue Atilio Piceda y su madre es Élida Delssín.

Es Profesora para la Enseñanza Primaria y profesora de Piano, Teoría y Solfeo. Actualmente trabaja como docente en la escuela primaria de la localidad de Florencia, donde reside actualmente, con más de 25 años de antigüedad en la docencia.

Ha logrado premios en foros internacionales de poesía: "Monosílabo" (del cual es jurado y moderadora de Poesía Infantil), "Poetas Universales, "El Rincón del Poeta", "Unipoesía", "Universo Poético", "Rimando" "Mundopoesía" "Poesía pasar el alma" "Sabor Artístico" y además participa en otras páginas literarias.

Ha obtenido una mención honorífica por sus trovas en los III JUEGOS FLORALES del Balneario Camboriú / SC-TROFEO – Rodolpho Abbud.

Obtuvo una "MENCIÓN HONROSA" en el Concurso "20 Poemas para Chile" en setiembre de 2013.

También tiene un blog personal llamado Poetimundo.

Sus poesías son leídas en radios de la región del norte de la provincia de Santa Fe y en varias radios de Internet.

Escribe variados tipos de poemas, poesía clásica y libre, algo de literatura infantil, cuentos, prosas, inclinándose más por la poesía clásica y rimada.

Participó en la Antología "11 autores buscan lector" (Resistencia Chaco) año 2009

"Poemas por Palestina" Antología en beneficio del Pueblo Palestino año 2009 y

"Versos para compartir" de la autora- Febrero de 2009

"Cuadernos TELIRA" poetweets o poesía esloganizada (poemas de 140 caracteres) de Aranda del Duero. 2011

"Tercera antología Amanecer Literario" de Círculo de Castilla y León de Barcelona. 2011

"En el sendero de las letras: Autores de Argentina" (Del Alma Editores)

"El Eco de las Musas: Solo Poesía" (Del Alma Editores)

"Las Cortesanas de la Poesía: Entre la cocina, los libros y la alcoba" (Del Alma Editores).

Fabiana Piceda

DUEÑO DEL ALMA

Señor, dueño del alma que te adora,
mi vida doy y sueño con tus brazos,
el canto brota alegre si tus trazos
le escriben a esta humilde servidora.

Deliro si me miran tus ojazos,
un ser de luz me siento, la azucena
perfumando tu piel, cubriendo en lazos
de amor, tu ser sagrado que encadena.

Por vos la sangre corre por mi vena
arde un amor sublime, bella suerte,
concibiendo mi vida dulce, plena,
pues juntos venceremos a la muerte.

Dos almas para siempre bendecidas
seremos de hoy en más, fortalecidas.

EL DESMONTE

Solloza el monte lágrima silente,
sus ramas yacen en la tierra yerta.
La inmensa soledad abrió la puerta
mientras la vida muere lentamente.

Las aves sin mañana ni presente
se alejan de sus nidos, y desierta
la zona llora, su esperanza incierta
queda enterrada sola sin simiente.

Van juntos el desmonte y la extinción.
Parodia sin conciencia, una locura,
y nadie frena el crimen aberrante.

¡Que el hombre borre tal profanación!
No hay tiempo que perder, la desventura
será pago a la lacra del maleante.

Tengo un interrogante:
¿Tal vez el mundo no lo tiene en cuenta,
viviendo ciego y mudo tanta afrenta?

EL DULCE DE LECHE

Este dulce es de origen argentino,
exquisita delicia de la abuela,
es muy fácil: azúcar cristalino,
blanca leche, vainilla y la cazuela.

En licores y postres adivino
su presencia que suave se revela,
es tan rico, dulzura y desatino,
como un beso que rápido consuela.

De todos los manjares y placeres
uno de los mejores, con agrado
disfrutan hombres, niños y mujeres.

Mmmm ¡Qué deleite probarlo, ten cuidado!
Todo en justa medida, no exageres,
recordando: la gula es un pecado.

TODO VUELVE
(SONETO)

El cariño que ofreces, este día
volverá a su vertiente duplicado.
Hasta el mal que te hacen y el pecado
a su dueño retorna, en agonía.

Esa mano que ofreces, la alegría,
tu sincera palabra, son legado
que regresa a ese mundo que has soñado,
porque lo bueno vuelve, es garantía.

Tan cierto que lo vi, buscad lo bueno
y tendrás abundante paz y fe.
No derroches tu tiempo cual bengala.

Con quietud y humildad, vivir a pleno,
recordando este dicho del que hablé:
"Todo vuelve", por ello, Amor regala.

MI DROGA ERES TÚ

Dúctil terciopelo,
piel soñada.
Reposas al abrigo del crepúsculo,
reclinado en la hierba,
sin preguntas... sabes todas las respuestas.
Me observas,
ojos aguamiel de chispas verdes
recorriendo mi geografía.
Soy gaviota deteniéndome en tu cielo,
extraño, omnipresente
y planeo hasta tus brazos
sintiéndome etérea,
una libélula estremeciéndose
en el ocaso.
Mi droga eres tú,
una adicción sin límites
que enajena mis sentidos.
Ven e inyéctame tu beso,
agita mis deseos
y esfuérzate por ser siempre
mi única poción,
esa que arrebata mi ser
con su dulce locura.
Sorpréndeme,
continúa enamorándome,
cúbreme los ojos con tus manos
y regálame una rosa escarlata
de nuestro jardín
o una campanilla silvestre,
esa que emerge de pronto,
milagrosamente,
 anunciando que va a llover...

TE QUIERO
(Siguiendo a Benedetti)

Mis ojos buscan tus ojos
que son cálidos luceros,
dos espejos zalameros,
la causa de mis sonrojos.

Te quiero porque tu risa
es como la dulce miel.
se me cuela por la piel,
y me mima como brisa.

Tus manos son el motivo
para creer en caricias,
motivo de mis delicias,
por ellas amo yo y vivo.

Te quiero porque no sabes
cómo olvidar mis miradas,
las llevas en ti clavadas,
de tu corazón son llaves.

¡Por tantas cosas te quiero!
Eres tú mi sol radiante
que ilumina cada instante
con el brillo de un lucero.

Y más allá de la muerte
te seguiría queriendo,
continuaría sintiendo
este amor que me hace fuerte.

SOY MUJER

Soy mujer...
y me duele ver la herida
de otra mujer que llora de tristeza,
relegada al olvido de su raza,
en países donde no se la valora.

Soy mujer...
veo como hombres ciegos
matan a esas niñas inocentes,
violentando sus pequeños cuerpos
y tronchando sus jóvenes ilusiones.

Soy mujer...
y no entiendo como el mundo puede
soportar en este siglo,
donde se habla de tecnología y progreso,
el maltrato, la violencia y aún la guerra.

Soy mujer...
y a veces me agobia la amargura
porque siento el machismo que no cesa,
la burla, la impotencia y el abandono
de esas pobres mujeres sin destino.

DE ROJO
(Pareados)

De rojo se viste la muerte y la vida,
color tan perfecto que tiene encendida

la luz tan brillante, es todo un poema...
con él se acicala la sangre y la gema.

Frutillas y rosas se cubren de fiesta,
música sublime nace de una orquesta.

La pista se llena de lindas parejas,
yo espero paciente detrás de esas rejas.

De pronto apareces en traje gris plata.
Mirada de cielo que de a poco mata.

Tu dulce sonrisa vaga por tu cara,
derrites mi enojo, mi duda se aclara.

Aunque hayas tardado, junto a mi te hallas,
Me dices "te amo" y luego te callas.

Entramos al baile, ¡Que sigan bailando!
Rosas y frutillas están esperando...

Luz Ramirez

Colombia- EEUU

Vivir en el mundo de las letras. Más... ser mujer y abrazarlas... Es ir mas allá de lo que el sentimiento crea a tu alrededor. Tejes la red de lo más sublime. En ella echas tus alegrías y las adornas o tus tristezas y las vuelves cruentas. El aire del donaire se pasea elegantemente y es femenino en su esencia. Las flores sonríen en los jardines de la ilusión... Una mujer toca con suavidad sus frágiles pétalos y las moja con candor. Los niños y los ancianos son contemplados con profundidad y puedes ver la mirada angelical o la piel que se pliega y los debilitados pasos sosteniendo su joroba. A una mujer poeta le duele la tristeza hondamente. A una mujer poeta la alegría la desborda.

En los roles que una mujer ocupa, los expresa intensamente. En el hogar se profundiza en la belleza de su estancia. Cada rincón es un verso. Cada minuto en el tiempo es un delirio inmenso.

En sus momentos de pasión cuando todo es amor y la lujuria aprieta, sabe entregarse verdaderamente. Es un elixir la mujer poeta. Cada momento lo desmenuza y lo vuelve poesía de amor.

Las letras me abrazan y en su voraz hacinamiento, me surcan, me elevan, me llevan. Vivo entre sus mágicas artimañas. No me abandona su son y despiertan conmigo danzando con mi rutina. Son fieles compañeras en mis noches solitarias.

Una mujer poetisa es vida llena de encantos. Es fuego en el lecho... Es luz en su hogar...Es un destello mágico que emana de su caudal de inspiración.

Encantada de mi participación en esta obra poética, que lleva explicita las profundidades de mi alma. He estado trabajando con mucha efusividad en los pasados dos años, donde obtuve reconocimientos por parte de Radio satélitevisión/Américavisión por los poemas: "Tu Voz", "Madre", "Poeta", "Ahora", "Mientras te pienso", "Se cruzaron miradas". Mis publicaciones en forma constante, mantienen una estrecha conexión con mis seguidores que abrazan el sentir de mi poesía. En el mes de Agosto de este año, tuve el honor de compartir con excelentes poetas de todo el mundo la Antología poética "Alma y corazón y letras.

Para Ustedes con mucho amor por el sentir esta colombiana de nacimiento que un día viajo a los EE UU en aires de progreso y que su inmenso placer es plasmar pensamientos en un escrito. Un abrazo desde mi corazón.

Luz Ramirez

ESE ESPACIO ENTRE TÚ Y YO

Ese espacio entre tu yo:
Separación limítrofe de sentimientos.
Ruta vacía que el céfiro de los alientos,
respira e inhala absorbiéndolos en flama.
Ancho puente de ondas siderales,
donde las caricias se desplazan a raudales.

Hilo de filigrana empatado al otro lado.
Es cuerda floja que asgo para llegar a tu vida.
Esa vía de los ocasos que me envuelve en sus colores,
impregnando el horizonte con volátiles fulgores.
Las aves con sus laureles la atraviesan dejan nidos,
y yo sola las contemplo, con una mueca de olvido.

Pero sé que muy adentro, me piensas y yo te sigo,
tu horizonte succiona el vórtice de mis bríos.
Flecos lejanos de dorada ilusión férrea,
se observan titilantes a lo largo de la sierra.
Me vuelvo foca marina para visitar tus playas,
soy ángel que te vigila en las noches solitarias.

Ese vacío de tus cielos, el espacio que tu habitas,
es un núcleo que esconde tus entrañas y te encierra.
El sendero del amor sus ancas saca alborozo,
deshago cualquier terreno y abro febril otras brechas.
Camino luego embriagada, al sendero de tus gozos
y en el altar del amor, dejo mis noches umbrosas.

Soy, el beso que deja huellas en tu lecho solitario.
El suspiro que arrebata el cascabel de tu risa,
y sabe hallarte escondido en una silente brisa.
Esa línea divisoria entre tu cuerpo y el mío,
espera con impaciencia que la plague de caricias.

ÁMAME

Y rodamos como dos cuerpos sin vida.
El aliento se me fue y tú lo tomaste.
Hubo en aquel momento tanto desastre,
rescataste una a una mis heridas

De tus caricias se desprendieron llamaradas,
de tus besos hubo tanta miel embelezada,
que aún saboreo el néctar de tus ansias,
aún mueven tus miradas mis distancias.

El ciclón que nos envuelve insistentemente,
No tiene piedad, revuelca todo.
Yo me dejo llevar por sus mareas.
Tú te dejas sacudir y sos el vaivén de las arenas.

Ámame mientras haya vida amor mío
Quita de mi vida tanto hastió, has que todo sea posible
Que yo intentare aguantar tu aliento de pinos verdes
Que no importa el mañana como sea
Mientras juntos lo contemplemos siempre.

VIAJE INTERMINABLE

Viaje interminable a tu cuerpo.
Horas de pasos eternos que se detienen en ti.
Parálisis de un abismo, en suspenso las caídas,
maquillando las heridas sobre tu callada piel.
Desmedida mi manera de transportarme a tu alma,
cuando con mi forcejeo te embadurno de caricias,
poseyendo con mesura, cada sorbo de tu hiel.
Soltando las ataduras,
y contemplando tal vez,
porque también eres miel.
Deja que mi soledad haga nido en tu guarida,
deja que yo te de vida, en ese tu ser inerte,
cuando yace tan lascivo en el rincón del querer.
No me escondas tú la piel, que ya poseo y repaso,
si en un minuto en tus brazos,
he de sepultar instantes,
y he de querer renacer como alfarero
sus obras, cuando caen y se quiebran
y con paciencia las forma, para volver a nacer.

SABOR Y AROMA

Hay un sabor a ti...
cuando pasan las horas,
entre nardos y helechos,
mientras vacío mi pecho,
siento el penetrante latir
de tus aires deshechos.

Hay un aroma a ti,
impregna sin excusas,
cada zona de olvido,
asfixia mis sentidos.

Ese sabor y aroma,
van enmelando, van aromatizando,
mis labios y todas mis sensaciones.
Es bello este sentir.

Este sabor a ti...
me enloquece y envuelve.
Inquietante agonía,
de mis noches y días.

Ese aroma es afrodisíaco fragor
de placeres gastados
impregnados de ti
cuando estas a mi lado.

ME HE VUELTO POESÍA

Esto que va en mi interior,
es un aluvión de versos.
Los ecos de las metáforas,
me están ahogando en silencio.

Las ideas se me agrupan,
buscando por cada poro,
el escape de sus rimas.
Voces secretas me animan.

Me cubre un mundo de letras,
composiciones de ensueño.
Saltan en combinaciones,
las epopeyas, los cuentos,
la prosa, la narración.

Todo lleva ese son,
que se llama inspiración.
Soy poesía total,
Yo no se de nada más.

Me he vuelto poesía,
hay alegría, hay amor.
Es un delirio total.
Hay derroche de ilusión.

La lágrima es un cristal.
La alegría es azul.
La mar habla con la luna.
Los labios son de coral.

Hoy mis labios entreabiertos,
besan dulces estribillos
Mis ojos buscan nerviosos
Lo que en el papel he escrito.

ENTRE ESTOS TRASTOS

Entre estos trastos y tantos frascos,
contemplo absorta tu quieto rostro,
es un retrato de aquellos años,
en que apostábamos todo a la vida

Aún refriego en el lavadero,
las penas cruentas y tus detalles.
Aún los lavo con buen jabón,
para que salgan de mi rincón.

En mi cocina yo te recuerdo,
en los instantes que siempre juntos,
Acostumbrábamos tomar café
y acariciábamos el nuevo día.
Aún se encontraban nuestras miradas,
con desbordante, brillo en tus ojos y amor por mí.

Ese retrato en el mismo sitio,
parece uno de tantos platos,
que voy dejando en la alacena,
pero tu rostro lo llevo intacto.

Sigo limpiando y refriego tanto,
que los baldosines reflejan todo,
En ellos justo leo mi alma,
que entre burbujas remojo en agua.

Ahora en penumbras, nada me alumbra,
me siento sola, dejo mi té a medio beber.
Es que yo siempre veo tu cara en donde esté.

CUANDO TE VAS

En mis labios una mezcla de alegría y de ternura.
Las paredes de mi alcoba contemplando,
la lujuria y el derroche entre sábanas de seda.
Un aire de soledad, en donde te encontrabas tú,
mas te acabas de marchar, aún huele a tu fragancia

Tanto se acostumbró mi hogar a tu presencia fugaz,
que los trinos de los pájaros se alborotan a tu encuentro.
El jardín hace derroche con sus bellos girasoles.
El aroma de las flores, impregnan nuestros momentos.

Hay huellas de carnaval, acaba de finalizar,
la fiesta otoñal de fusión de nuestros cuerpos.
Se congelan los sentires y las almas penden en un suspenso.
El reloj de la pared señala las propias seis,
Veo tras el ventanal como vas a paso lento, dejando tu vida atrás.

Es tan cómplice el silencio de las flores de mi cuarto
que adormecen una siesta en sus jarrones y pretenden no mirar.
Saben como callar y solo el aroma dan al derroche de caricias.
Ellas están en mi hogar, adornan el comedor, el bar y los corredores.

Salgo del cuarto y me arrulla una tonada de violines.
En el vecindario alguien declara su amor y esparce, su alegría en los confines
En ese lugar quizás las despedidas huyeron y hay abrazos con te quieros
No reside el caminante que siempre se va y se queda impregnado en las paredes.

LLEVO EN EL ALMA LAS LETRAS

Llevo en el alma las letras,
que en mi mente están danzando,
tengo delirios sonantes,
hay sueños que me delatan,
es un sentir incesante.

Con una rima acomodo,
estrofas de cualquier modo.
Me bailan en el silencio,
los tonos de coplas bellas,
por ello escribo al momento.

Me tienta escribir y escondo,
en mi chaqueta el bolígrafo.
Tengo sueños de poeta.
Cuando quiero puedo hacer,
una prosa con sus rimas.

Somos las mujeres todas,
en esencia poesía.
En el mundo somos vida,
en el amor entregamos,
todo nuestro corazón.

Mi vida ha sido de coplas,
de canciones que alborozadas,
salen formando emociones.
Por ello llevo metáforas
como si fueran pañuelos,
que al cielo ondean sus versos.

CARICIAS

Como agua que se filtra entre las grietas del alma,
la suave caricia camina suelta, loca y sin prisa.
Su fuego lujurioso, penetrando augurios,
desnudando el alma en cuerpo jadeante,
revoluciona todos tus sentires en instantes.

Escapa en el amor de las pupilas que corren velos,
expresiones bellas saltando como maracas sueltas,
Mágico tacto de dedos insolentes, candentes,
buscadores de reposo contemplativo en las penumbras.
Lleva tu encanto esa linterna titilante que el descanso alumbra.

Sin compasión, has probado con destreza multicolores sabores,
sos saguaro sagaz en las tinieblas de recónditos caminos,
hija de la malicia o de la pureza misma calcinada.
Escapas como puedes si el deseo te exaspera,
tu mente no razona, funciona como locomotora desenfrenada.

Caricia: mis ojos en silencio contemplando tu cuerpo.
Mapa de caminos repasados con escollos y delicias.
Tentación de mis manos que imanadas se deslizan,
con solo una mirada quieta, en tu ser compenetrada.
Mis deseos sedientos de tu marea inquieta desvelada.

Inquietas caricias, llegando hasta el final en los clímax,
responsables de los apegos y de la fusión de vidas.
La llama que devora por dentro mis entrañas
¡Si supieras que muero cuando ráfagas internas de amor,
viajan meteóricas en mis efervescentes venas!

Encarnación Romero Marín

España

Encarnación Marín Romero, nacida el 03 de marzo de 1957, en Campillos (un pequeño pueblo de Málaga), España. Emigró a Brasil en 1960, donde se crió y vivió en varias partes distintas. De vuelta a sus orígenes, desde 1999 ha vivido en varios lugares de España. Finalmente, ha elegido Barcelona como su ciudad de adopción. Carente de raíces debido a tantos cambios desde la más tierna infancia y, al mismo tiempo, desvinculada de ataduras, busca el sentido de las vivencias y del intercambio humano. Aficionada desde muy temprano al dibujo y a las letras, ha pasado por varias fases de alejamiento y de aproximación a ambas. También se ha dedicado por algún tiempo a cultivar la música. Nunca ha desaparecido ese "Ser Poeta", que es un estado de espíritu, una forma de vivir. Hoy escribe por la necesidad de expresión interior y movida por el deseo de poder transmitir algo de valor a los demás. Ha publicado esporádicamente en algunos periódicos y revistas, y una muestra de su trabajo se encuentra publicada en la Antología Internacional Poesía, Cuentos y Vos (ed. Pasión de Escritores - 2013), Antología Internacional Por los Caminos de la Poesía (ed. Pasión de Escritores - 2013), Antología Poética Alma y Corazón en Letras (Del Alma ediciones - 2013), Segunda Antología "Versos Compartidos" Veintidós poetas bajo la misma luna (ed. viveLibro – 2013) y "Paraula d`Espriu" de TV3 (2013).

Encarnación Marín Romero

SECRETOS OJOS

Hay otros ojos
por detrás de estos ojos
que te miran a los ojos.
Secretos ojos,
ocultas miradas:
admiradas,
gaseosas,
vaporosas.
Extraños ojos te miran
desde un lugar secreto.
Hay muchos ojos que giran;
se cierran y se abren...
Ojos escondidos tras otros ojos.

CAMBIOS

Cuando mi mundo se me quedó pequeño
lo expandí y aumenté.
Cuando mi mente se hizo estrecha
la estiré y ensanché.
Cuando ya no me cabía el sombrero
lo tiré y pisoteé.
Cuando la tarta de queso con mermelada de arándanos
se me agrió
la vertí y deseché.
Cuando el camino se me quedó corto
me giré y me puse a correr.
Cuando mis zapatos ya no me llevaban
adonde yo quería ir
me los quité y bailé descalza;
aunque mis pies se entumecían,
se ensuciaban y me dolían,
me llevaban en la dirección
que yo pretendía seguir.

¿Dónde están los páramos sin gente, de Karlfeldt?

"Amo los senderos, los páramos sin gente, sombríos," (E.A. Karlfeldt)

Anhelo los caminos desiertos.
Pies desnudos tocando la arena
templada y húmeda.
Sueño con el estruendo
de las furiosas olas marinas
chocando contra las rudas rocas
impelidas por un furioso viento de invierno.
Envidio al águila que vuela solitaria,
planeando sobre abismos de vértigo,
sin dudas ni temores.
Deseo la oscura noche
donde ulula un único búho,
señor de si mismo y de su firme rama.
¡Que se acallen de una vez por todas
estos locos e insanos ruidos
de la gran ciudad en verano!
Añoro el canto de los pájaros al amanecer,
el zumbido de las abejas
sobre las flores al mediodía
y el chirrido de los grillos al caer la tarde.
Hasta ellos se han escondido,
asustados y acalorados
en medio de la locura estival
de los seres humanos.

LA BLANCA FLOR DE LOTO

En el centro de mi paz hay una blanca Flor de Loto.
Ella fluctúa: única, límpida, suavemente perfumada.
Flota sobre el fétido lodazal de aguas paradas y turbias,
insalubre fango que la rodea e intenta robarle el olor.
Alrededor: el constante caos, la confusión y la oscuridad.
Solamente allí: en el centro de su silencio interior,
donde se callan las voces de los demás y la suya propia,
reina un estar eterno, un tiempo fuera del tiempo,
una música que se ve y un color que se oye.
En ese secreto rincón y misterioso lugar
hay una blanca Flor de Loto flotando sin parar.

EL PARQUE DE LOS DESENCANTOS

Solo trozos que quedan de algo
que algún día ha sido alguien.
Una persona antes completa
que ahora se ha partido
en mil pedazos grises y opacos.
Una personalidad que se arrastra
desencajada por la vida,
de forma lenta, sinuosa
y sin control de su camino
ni de sus distorsionadas ideas.
Fragmentos sueltos de un rompecabezas
con las piezas perdidas y revueltas.
Esa soy yo: un ser que ya no es;
que apenas sobrevive en ese
gigantesco Parque de los Desencantos.
Un parque repleto de cascajos puntiagudos,
flores sin aromas, frutos amargos,
bailes sin música, nubes sin agua,
mares sin sal, pájaros mudos y tristes.
Esa soy yo: un ser que un día lo fue.

LAS DALIAS DE MI MADRE
(en memoria de Francisca Romero Gómez)

Aquellas dalias, me acuerdo muy bien, las plantó mi madre.
Las había rojas como la sangre,
anaranjadas como las calabazas,
rosadas como las rosas (reinas en el lugar)
o blancas como si fueran
pequeñas nubes flotantes en el jardín.
La gente se paraba a contemplarlas y a admirarlas.
Las dalias se han marchitado
hace ya mucho tiempo.
Las manos que excavaron en la tierra húmeda
y enterraron los bulbos,
tampoco están ya.
Todo esto sigue vivo solamente en mi memoria
que también, poco a poco, se marchitará.
Los que pasan por aquella calle
y miran aquella casa con un patio vacío
nunca sabrán que allí ha vivido una familia
donde habían cuatro niñas,
un perro, unos cuantos gatos y un bello jardín.
Yo llevaré conmigo todos estos recuerdos
y me marcharé rumbo a la biblioteca
donde se los guarda con cariño:
más allá de donde se pueda mirar.

LA NOBLE DAMA DE PIEDRA OSCURECIDA

"oculto y solitario, junto a la tumba oscurecida" (Karlfeldt)

Junto a la vieja tumba oscurecida
han nacido pequeñas flores amarillas.

En la soledad de la húmeda piedra
se ha arraigado la flexible hiedra.

La oscura y antigua lápida abandonada
parece transformada, de repente,
en una engalanada y noble dama.

Su chal está hecho de brillantes,
tiernas y verdes hojas enredaderas.

Sus zapatos son perfumados y suaves
narcisos silvestres amarillos.

Allí está ella, imponente, misteriosa:
la inamovible dama de piedra.

ELLA SE DESHIDRATA EN OLOROSAS LÁGRIMAS FLORALES

Desde hace algunos días
dibujo una y otra vez
la misma flor.
Pero cada vez la dibujo
más marchita;
y tú me dirás:
¡todas las flores se marchitan,
claro está!
Sería lo normal si fuera una flor
de las de verdad;
solo que esta está dentro
de mis pensamientos.
Esta flor llora el desengaño
de una estación perdida,
de una primavera
que la ha abandonado a su suerte.
Ella se deshidrata
en olorosas lágrimas florales.
La desesperanza absorbe
su dulce fragancia.
¿a quién le importa que se deshaga
esa sencilla flor?

TENGO COLECCIONES DE PEDRUSCOS

He vagado sola
por un camino
 de piedras puntiagudas.
He sido la mala de la película
porque lo he permitido.
He querido parecer la villana
tan solo para protegerte.
Te has aprovechado
 y te has escondido
en tu cobardía.
A nadie le ha preocupado
mi debilidad y mi desamparo.
He recorrido sola mi tortuoso
 y amargo sendero.
¿quién puede juzgar a un alma sufridora?
Al final, he ganado:
 tengo colecciones de pedruscos
de todas las formas,
 colores y texturas imaginables.
Amo mis piedras
y mi inclinado itinerario rocoso.
Ahora yo también
 formo parte del duro camino.
Ya no espero el consuelo de nadie,
 pues ahora sé
que todos los demás
son tan débiles como yo.

Melva Omaira Sotelo

BIOGRAFÍA

Nazco de los sueños subliminales,
conquisto al tiempo en su espacio.

Con mi alma solitaria
me enamoro de la vida,
desde mi niñez involucro al arte,
y expreso mi cultura de existencia
en la sobriedad del universo.

Mi inspiración afloro en los campos,
en las montañas, en los valles
y en los mares, soy "ÁNGEL DE LUZ"

Amante de felinos y corceles,
por sus espíritus libres
en letargo bajo las cornisas
de noches de eternas lluvias
en compañía de luna llena.

Cazadora de almas errantes
olvidadas en el silencio
de ultratumba,
quiero ser, sin ser,
lo que debo ser:
¡Alma y vida,
sueño y melancolía...!

Melva Omaira Sotelo

OASIS DE TERNURA

¡Madre! ¡Cómo despiertas! al amparo
de la mañana errante en tu guirnalda,
gigante voluntad de tu alborada,
tu leguaje sencillo: ¡luz de faro!

Encuentro en tus pisadas desamparo
con lánguidos recuerdos en tu espalda,
mas tu paso seguro, ¡la esmeralda!
¡Mágica fortaleza! la declaro.

Tus manos laboriosas nos corrigen,
sacudes los escombros que te afligen
cobijas con tu oasis de ternura…

Tus ojos inmortales con dulzura.
de estrellas planetarias de vigilias
cultivas el presente y nos auxilias

COCHECITO DE CARTÓN

De cartón mi cochecito,
blanca nube de algodón,
va veloz o despacito,
sube y baja de emoción.

¿Dónde va mi cochecito?

Por el llano y la ladera,
en mi desierto florido
con melcocha que me diera
feliz mi abuelo querido.

¿Dónde va mi cochecito?

Por casitas de alabastro,
de carrizo y cascarón,
por las vías tras el rastro
de los pueblos del florón.

¿Dónde va mi cochecito?

Al mar desde mi campiña.
¡La pista cómo atraviesa!
con mi muñeca, mi niña.
¡Soy su sirena y princesa!

¿Dónde va mi cochecito?

Con mis libros y cuadernos
por el sendero a mi escuela,
en veranos o en inviernos:
¡Cómo juego a la rayuela!

¿Dónde va mi cochecito?

Va gozoso con el viento
como pluma desde el suelo

a ver a mi madre siento.
¡Ella me espera en el cielo!

MAGIA

Llega el alba esta mañana
con esencias ungidas en silencios
te froto en mi regazo de delirios
y tus verbos masajean mi cuerpo.

Tu primavera, tierna melodía
detiene el tiempo entre mi piel
y el fuego de tu templada madrugada
conoce el secreto de mi canto.

Acaricia mi seco manantial
tus orillas de apetencia
y cabalgo sobre tu néctar
de efusiva geografía.

Mis pupilas beben tu vino
con magia y ligereza
agito mi abusiva palma,
cardo tus insomnios
y los excito con mis rizos.

TU MUSA

Ilusiono tus versos
abordo tu paraíso,
existo en tu palabra,
sosiego tu dulce voz
como alegre alondra
vigilo tu vuelo,
acompaño tu encierro
enciendo tu llama,
te levo como humo
por mi cosmos.
¡Soy tu musa!

Soy tu musa
sin distancia
paseo en tus poemas
más fluidos,
en mi lienzo
despliegas tu verbo
y de mi universo
subes mis estrellas
a tus pinceles.

DESPIERTA SOLEDAD

La cruel condena en cautela
sabe cuánto amé
y si de verdad me amaste...

Ama la vida,
ama los sueños,
ama al padre,
ama la madre,
ama a quien no te ama,
ama lo que ves,
ama tu revés
ama a la naturaleza,
ama a quien no amas.

He amado y lloro tanto,
mi corazón... en agonía,
no creo que sea por amor
sino solo por el dolor
de mi propio llanto.

Solo queda el sigilo,
sin palabras, sin recuerdos.
¡Amo el grito del aroma
de mi despierta soledad!

NÁCAR DE SOLLOZOS

Escucho las olas del mar,
conversan con la arena,
cuentan historias de sirenas
y nostalgias de ballenas.

Regaña el agua con piedras
al rígido y hostil acantilado
que impide al horizonte
desvele su hermosura.

Arrebata su suave ribera
el embrujo de su coro,
le abraza con suave caricia,
expele su blanda brisa
con caparazones
de moluscos y caracolas,
e impregna su nácar
de sollozos en las perlas.

UN RATÓN MUERTO DE RISA

¡Cómo se nutren las garzas
con garrapatas sabrosas!
Mas las vacas en estampida
huyen ladera arriba.

El armadillo escondido,
ojo vivo en madriguera:
¿Qué les pasa a las garzas?
¿Por qué vuelan tras las vacas?

Una liebre alarmada,
corre veloz y esquiva.
¿Quién pudo asustarlas
y huyen en fugaz corrida?

Un perro labrador,
admirado se pregunta:
¿Qué rayos pasa?
¿Las garzas tras las vacas?

Un ratón muerto de risa
una broma les ha jugado,
pobres vacas espantadas
a la cumbre ya han llegado.

MUNDO AGONIZANTE

La sombra que gobierna nuestro planeta
atraca los subsuelos de la vida.

Arrebatan la esperanza
cortan la savia, calan la mente,
roban el oro, secan la vida,
llenan la selva de cemento.

Acuchillan a los polos,
asfixian sus orificios
y apenas sobreviven.

El hambre, alimento de la Tierra,
los ríos lloran desde la montaña,
gris la belleza de los campos,
explotan si piedad la sangre
ungida desde en el fondo de corteza,
asesinan millones de años
de evolución y de trabajo.

¿Qué pasará cuando el eje se detenga?
Las especies sin futuro...

¿Hasta cuándo sobreviviremos...?

MADRE LEOPARDO

Un rugido acecha los bosques,
taciturna centinela de la luna,
disimula entre crepúsculos
sus sombras en la bruma,
a la espera de la caza de su ciervo.

¡Mujer, madre leopardo!
tu pelaje de fino semblante
engalanas con lamidos.

Sigilosa en la montaña te descubres
con mirada fija enardeces,
tus felinos merodean, duermen,
juguetean, en abrigo de la veta…
en juegos les enseñas la aventura
de vivir la vida a tu fortuna…

Alimentas a tus cachorros
en tu árbol madriguera,
con tus ojos sagaces los cuidas,
de un lugar a otro trajinas,
tu vínculo maternal incomparable,
mas el depredador humano
los asesina con saña.

Sara Tekel

Sara Teckel

Valencia, Venezuela.
Para mí, escribir poesía es el optimismo de alcanzar la gloriosa
mas no imposible aventura de traducir la verdadera esencia de
mis memorias, mi alma.
Una ambición de lograr el noble pero no inalcanzable
objetivo de comunicar el significado de mis pensamientos,
conceptos, sentimientos y hasta mis tonterías.
Se trata de un registro vivo de mi conciencia.
Es simplemente lo que puedo hacer.
Expresar dulces emociones y también en diferentes ocasiones
lo que me niega la vida.

Participo en diferentes foros de poesía virtual.
Recientemente, tuve el honor de compartir
junto a 33 excelentísimos poetas de habla hispana en la obra:
"Antología Poética Alma y Corazón en Letras: Con derecho a
réplica".

Una vez más, les entrego. Mis Garabatos del alma.

Sara Tekel

NOCHE

Me he convertido en tu noche;
silueta en tonalidades ébano y añil.
Melodía que serpentea en tu apetencia,
cascada, sobre tu piel salada.
Soy la que te acuna en las memorias.
Un tiempo que soñó siendo secreto.
Oleadas de furia y tempestades,
inmersas en el ardor de dos cuerpos.
En esta exquisita orilla, hay tanto por decir,
hoy somos sinergia ansiosa, piruetas
que bailan en las venas, fascinante
ir y venir, silencios, recuperando alientos.
Y aunque incluso las mareas deben cesar
cuando la luna se esconde.
Elijo, amanecer en tus ojos.
Me quedaré contigo, hasta que el sol ascienda.
Volveré siendo caricias, siendo noche, certeza.

ALIVIO

Sueños susurrados, tiempo errante;
besos sin aliento enviados al aire.
Te esperé en la locura,
en la gloriosa anticipación de tu roce.

Hoy por fin veo la luz.
En mi mesa, ahora nuestra.
Compartimos el vino prometido.
Antesala a una alcoba que te sueña,
inicio de un concierto de besos.

Agotados por la espera;
refugiados en la alegría del alivio,
en el crepitar de la leña,
en los sorbos de la permanencia.

Hoy rozamos el deseo,
las chispas vuelan en tus ojos.
Combustión que se acrecienta
con el cosquilleo de las brazas.
Delirio de unos labios que se encuentran,
juego de unas manos inquietas.

Y seré el instante de un hoy eterno,
el ocaso tibio de tus madrugadas,
la pasión sin tiempo, el latir sin mañana.
Te amaré hasta el llanto, inhalaré
tus silencios y dormiré sobre tu pecho.

QUIERO SER LO QUE TU QUIERAS

Puedo ser viento de seda.
Me deslizaré en tu lecho
para bailar con el sudor
rodando por mi pecho.
Gotas sincronizadas,
pasión, ardor, secretos.

Seré la dama que te desvela.
Danzaré al calor del fuego,
me alojaré en tus pensamientos,
gritarás mi nombre al viento,
dormirás entre mis piernas,
mientras la luna nos observa.

Seré una nube que brilla,
nadaré contigo hasta la orilla.
Y allí dibujaré con devoción,
un poema en tus costillas.

SECRETOS

Hay secretos guardados en mi piel;
los rastros de su tacto,
impresiones de su aliento,
señales persistentes de sus besos
y un calor que todavía templa mis huesos.

Aún puedo sentir su esencia;
sigo inmersa en su inquieta melodía,
en el eco alucinante de su alcance,
como sinfonía perfecta, estimulante,
serpenteando en los misterios de mi carne.

Una chispa, una braza, dos corazones vivos,
entre el aliento que pasa a conjurar los latidos,
espíritus que deambularon sobre amargos caminos.

A veces, la noche que hace eso,
es la que queda incompleta; es aquella,
que se desliza entre la frágil certeza,
cayendo, hasta adorar los silencios.

Mas una ceniza puede tomar un bosque
y una palabra puede atar la agonía.
Compartimos este anclaje de madera a la deriva.
Así que una noche, puede durar toda la vida.

SENSACIONES

Escalofríos.
Arde la sangre,
mirada traviesa,
toque estratégico, constante.

Vibraciones.
Explosión de receptores,
respiración jadeante,
tiembla la carne.

Aventura.
Donde nuestros ritmos
colisionan con la locura
de una fuente inagotable.

Magia.
La textura de la noche
nos arrastra hacia un
declive poético, perfecto.

Delirante.
Tibio, fascinante.
Abrázame cariño,
no es un sueño.
Somos amantes.

ARMONÍA

Delicioso susurrar se adhiere a mis oídos;
mis reflexiones son torrentes de delirio,
exuda con vigor mi corazón apresurado,
sus brazos envuelven mi templo frágil,
su aliento ferviente escala mis labios.

Jugando en perfecta armonía,
absorto en el arco de mi espalda,
su mirada se hunde en mi piel,
marcando las líneas de mi cuerpo,
dejando una huella indeleble,
en una hoguera furiosa y compleja.

El aura embriagadora de la pasión,
nos impulsa a colmar nuestros sentidos;
simples mortales, retando la infinidad
con la fuerza y la calma de un hechizo hipnótico;
permaneceremos inmersos este rocío violeta,
hasta perdernos en la magia de la noche.

ERES

Eres fuerza, sueños, ganas.
Eres hogar, tiempo, crecer.
El grito que anhela mi cuerpo.
Ambrosía, deseo, miel.

Eres sombra que se acopla con mi sombra.
Certeza que alimenta y da cobijo.
Delirio de una boca que te nombra.
El roce que despierta mis latidos.

Caricia imaginaria que atormenta.
Ternura que dibuja los suspiros.
Respiro que venera la paciencia.
Polilla con sed de un fuego vivo.

Mi sol, mi arena, mi orilla...
El mar que evoca mis sueños.
Eres brisa, dueño, risa;
semilla que emerge en silencio.

Te espero aquí en mi azul.
Después del miedo y la tormenta.
Después de darme cuenta,
que eres y serás siempre el motivo,
que da sentido a mi existencia.

MÁS ALLÁ DE UNA QUIMERA

Miraste mi pálida piel cuando suda,
inquieta y temblando bajo la luna.
El tiempo exhaló, lanzó un suspiro;
mi anhelo ascendía y bajaba contigo.

Sentiste mis caricias como plumas en la espalda.
Nos amamos más allá de la belleza de los sueños.
Arrullaste mi desvelo, lloraste con mis lágrimas.
Borraste de mi boca el frío sabor del desconsuelo.

Revelé la oscuridad que segaba mis latidos.
Anclada en tu aliento, finalmente me encontré.
El dolor fue consignado a un pasado en el olvido.
Fui sosiego en tu pecho, o tal vez, sólo soñé.

ACARICIAS LOS DESEOS DE MI MENTE INQUIETA

Roce tangible;
Inhala ilusiones,
destila veneno,
se abraza en tus ansias,
desterrando al miedo.

Apesta a nostalgia,
suspira desvelos,
susurro en el viento,
anhela sosiego.

Anegado en llanto,
implorando al cielo,
patea el dolor,
emerge sereno.

Reposo en tu pecho,
cultivo los sueños,
dormida en tu lecho,
renuevo la piel,
aplasto las sombras;
aplaco mi sed.

Invitada Especial

Alfonsina Storni

Alfonsina Storni

(Sala Capriasca, Suiza, 1892 - Mar del Plata, Argentina, 1938) Poetisa argentina de origen suizo. A los cuatro años se trasladó con sus padres a Argentina, y residió en Santa Fe, Rosario y Buenos Aires. Se graduó como maestra, ejerció en la ciudad de Rosario y allí publicó poemas en Mundo Rosarino y Monos y Monadas. Se trasladó luego a Buenos Aires y fue docente en el Teatro Infantil Lavardén, en la Escuela Normal de Lenguas Vivas y en 1917 se la nombró maestra directora del internado de Marcos Paz.

Alfonsina Storni comenzó a frecuentar los círculos literarios y dictó conferencias en Buenos Aires y Montevideo; colaboró en las revistas Caras y Caretas, Nosotros, Atlántida, La Nota y en el periódico La Nación. Compartió además la vida artística y cultural del grupo Anaconda con Horacio Quiroga y Enrique Amorín y obtuvo varios premios literarios.

En la década de 1930 viajó a Europa y participó de las reuniones del grupo Signos, donde asistían figuras importantes de las letras como Federico García Lorca y Ramón Gómez de la Serna. En 1938 participó en el homenaje que la Universidad de Montevideo brindó a las tres grandes poetas de América: Gabriela Mistral, Juana de Ibarbourou y ella misma. Ese año, el 25 de octubre, víctima de una enfermedad terminal, decidió suicidarse en Mar del Plata.

Madre soltera, hecho que no era aceptable en su época, fue sin embargo la primera mujer reconocida entre los mayores escritores de aquel tiempo. Su trayectoria literaria evolucionó desde el Romanticismo hacia la vanguardia y el intimismo sintomático del Modernismo crepuscular. El rasgo más característico de su producción fue un feminismo combativo en la línea que se observa en el poema Tú me quieres blanca, el cual se halla motivado por las relaciones problemáticas con el hombre, decisivas en la vida de la poetisa.

Hombre pequeñito

Hombre pequeñito, hombre pequeñito,
suelta a tu canario, que quiere volar...
Yo soy el canario, hombre pequeñito,
déjame saltar.

Estuve en tu jaula, hombre pequeñito,
hombre pequeñito que jaula me das.
Digo pequeñito porque no me entiendes,
ni me entenderás.

Tampoco te entiendo, pero mientras tanto
ábreme la jaula que quiero escapar;
hombre pequeñito, te amé un cuarto de ala;
no me pidas más.

Alfonsina Storni

La caricia perdida

Se me va de los dedos la caricia sin causa,
se me va de los dedos ... En el viento, al rodar,
la caricia que vaga sin destino ni objeto,
la caricia perdida, ¿quién la recogerá?

Pude amar esta noche con piedad infinita,
pude amar al primero que acertara a llegar.
Nadie llega. Están solos los floridos senderos.
La caricia perdida rodará... rodará...

Si en los ojos te besan esta noche, viajero,
si estremece las ramas un dulce suspirar,
si te oprime los dedos una mano pequeña
que te toma y te deja, que te logra y se va,

si no ves esa mano ni la boca que besa,
si es el aire quien teje la ilusión de llamar,
oh, viajero, que tienes como el cielo los ojos,
en el viento fundida ¿me reconocerás?

Alfonsina Storni

La invitación amable

Acércate, poeta; mi alma es sobria,
de amor no entiende -del amor terreno-
su amor es mas altivo y es mas bueno.

No pediré los besos de tus labios.
No beberé en tu vaso de cristal,
el vaso es frágil y ama lo inmortal.

Acércate, poeta sin recelos...
ofréndame la gracia de tus manos,
no habrá en mi antojo pensamientos vanos.

¿Quieres ir a los bosques con un libro,
un libro suave de belleza lleno?...
Leer podremos algún trozo ameno.

Pondré en la voz la religión de tu alma,
religión de piedad y de armonía
que hermana en todo con la cuita mía.

Te pediré me cuentes tus amores
y alguna historia que por ser añeja
nos dé el perfume de una rosa vieja.

Yo no diré nada de mi misma
porque no tengo flores perfumadas
que pudieran así ser historiadas.

El cofre y una urna de mis sueños idos
no se ha de abrir, cesando su letargo,
para mostrarte el contenido amargo.

Todo lo haré buscando tu alegría
y seré para ti tan bondadosa
como el perfume de la vieja rosa.

¿La invitación esta... sincera y noble.

Quieres ser mi poeta buen amigo
y sólo tu dolor partir conmigo?

Alfonsina Storni

Las grandes mujeres

En las grandes mujeres reposó el universo.
Las consumió el amor, como el fuego al estaño,
a unas; reinas, otras, sangraron su rebaño.
Beatriz y Lady Macbeth tienen genio diverso.
De algunas, en el mármol, queda el seno perverso.
Brillan las grandes madres de los grandes de antaño.
Y es la carne perfecta, dadivosa del daño.
Y son las exaltadas que entretejen el verso.

De los libros las tomo como de un escenario
fastuoso -¿Las envidias, corazón mercenario?
Son gloriosas y grandes, y eres nada, te arguyo.

-Ay, rastreando en sus alas, como en selvas las lobas,
a mirarlas de cerca me bajé a sus alcobas
y oí un bostezo enorme que se parece al tuyo.

Alfonsina Storni

Lo inacabable

No tienes tú la culpa si en tus manos
mi amor se deshojó como una rosa:
Vendrá la primavera y habrá flores...
el tronco seco dará nuevas hojas.

Las lágrimas vertidas se harán perlas
de un collar nuevo; romperá la sombra
un sol precioso que dará a las venas
la savia fresca, loca y bullidora.

Tú seguirás tu ruta; yo la mía
y ambos, libertos, como mariposas
perderemos el polen de las alas
y hallaremos más polen en la flora.

Las palabras se secan como ríos
y los besos se secan como rosas,
pero por cada muerte siete vidas
buscan los labios demandando aurora.

Mas... ¿lo que fue? ¡Jamás se recupera!
¡Y toda primavera que se esboza
es un cadáver más que adquiere vida
y es un capullo más que se deshoja!

Alfonsina Storni

Miedo

Aquí, sobre tu pecho, tengo miedo de todo;
estréchame en tus brazos como una golondrina
y dime la palabra, la palabra divina
que encuentre en mis oídos dulcísimo acomodo.

Háblame de amor, arrúllame, dame el mejor apodo,
besa mis pobres manos, acaricia la fina
mata de mis cabellos, y olvidaré, mezquina,
que soy, ¡oh cielo eterno!, sólo un poco de lodo.

¡Es tan mala la vida! ¡Andan sueltas las fieras...!
Oh, no he tenido nunca las bellas primaveras
que tienen las mujeres cuando todo lo ignoran.

En tus brazos, amado, quiero soñar en ellos,
mientras tus manos blancas suavizan mis cabellos,
mientras mis labios besan, mientras mis ojos lloran.

Alfonsina Storni

Odio

Oh, primavera de las amapolas,
tú que floreces para bien mi casa,
luego que enjoyes las corolas,
pasa.

Beso, la forma más voraz del fuego,
clava sin miedo tu endiablada espuela,
quema mi alma, pero luego,
vuela.

Risa de oro que movible y loca
sueltas el alma, de las sombras, presa,
en cuanto asomes a la boca,
cesa.

Lástima blanda del error amante
que a cada paso el corazón diluye,
vuelca tus mieles y al instante,
huye.

Odio tremendo, como nada fosco,
odio que truecas en puñal la seda,
odio que apenas te conozco,
queda.

Alfonsina Storni

Pasión

Unos besan las sienes, otros besan las manos,
otros besan los ojos, otros besan la boca.
Pero de aquel a este la diferencia es poca.
No son dioses, ¿qué quieres?, son apenas humanos.

Pero, encontrar un día el espíritu sumo,
la condición divina en el pecho de un fuerte,
el hombre en cuya llama quisieras deshacerte
¡como al golpe de viento las columnas de humo!

La mano que al posarse, grave, sobre tu espalda,
haga noble tu pecho, generosa tu falda,
y más hondos los surcos creadores de tus senos.

¡Y la mirada grande, que mientras te ilumine
te encienda al rojoblanco, y te arda, y te calcine
hasta el seco ramaje de los pálidos huesos!

Alfonsina Storni

Oye

Yo seré a tu lado,
silencio, silencio,
perfume, perfume,
no sabré pensar,
no tendré palabras,
no tendré deseos,
sólo sabré amar.

Cuando el agua caiga monótona y triste
buscaré tu pecho para acurrucar
este peso enorme que llevo en el alma
y no sé explicar.

Te pediré entonces tu lástima, amado,
para que mis ojos se den a llorar silenciosamente,
como el agua cae sobre la ciudad.

Y una noche triste, cuando no me quieras,
secaré los ojos y me iré a bogar
por los mares negros que tiene la muerte,
para nunca más.

Alfonsina Storni

Oye, yo era como un mar dormido...

Oye: yo era como un mar dormido.
Me despertaste y la tempestad ha estallado.
Sacudo mis olas, hundo mis buques,
subo al cielo y castigo estrellas,
me avergüenzo y escondo entre mis pliegues,
enloquezco y mato mis peces.
No me mires con miedo. Tú lo has querido.

Alfonsina Storni

Peso ancestral

Tú me dijiste: no lloró mi padre;
tú me dijiste: no lloró ni abuelo;
no han llorado los hombres de mi raza,
eran de acero.

Así diciendo te brotó una lágrima
y me cayó en la boca... más veneno.
Yo no he bebido nunca en otro vaso
así pequeño.

Débil mujer, pobre mujer que entiende
dolor de siglos conocí al beberlo:
¡Oh, el alma mía soportar no puede
todo su peso!

Alfonsina Storni

Queja

Señor, Señor, hace ya tiempo, un día
soñé un amor como jamás pudiera
soñarlo nadie, algún amor que fuera
la vida toda, la poesía.

Y pasaba el invierno y no venía,
y pasaba también la primavera,
y el verano de nuevo persistía,
y el otoño me hallaba con mi espera.

Señor, Señor: mi espalda está desnuda:
haz restallar allí, con mano ruda
el látigo que sangra a los perversos.

Que está la tarde ya sobre mi vida,
y a esta pasión ardiente y desmedida
la he perdido, Señor, haciendo versos.

Alfonsina Storni

Soy

Soy suave y triste si idolatro, puedo
bajar el cielo haSta mi mano cuando
el alma de otro al alma mía enredo.
Plumón alguno no hallarás más blando.

Ninguna como yo las manos besa,
ni se acurruca tanto en un ensueño,
ni cupo en otro cuerpo, así pequeño,
un alma humana de mayor terneza.

Muero sobre los ojos, si los siento
como pájaros vivos, un momento,
aletear bajo mis dedos blancos.

Sé la frase que encanta y que comprende
y sé callar cuando la luna asciende
enorme y roja sobre los barrancos.

Alfonsina Storni

Soy esa flor

Tu vida es un gran río, va caudalosamente.
A su orilla, invisible, yo broto dulcemente.
Soy esa flor perdida entre juncos y achiras
que piadoso alimentas, pero acaso ni miras.

Cuando creces, me arrastras y me muero en tu seno;
cuando secas, me muero poco a poco en el cieno;
pero de nuevo vuelvo a brotar dulcemente
cuando en los días bellos vas caudalosamente.

Soy esa flor perdida que brota en tus riberas
humilde y silenciosa todas las primaveras.

Alfonsina Storni

¿Te acuerdas?

Mi boca con un ósculo travieso
buscó a tus golondrinas, traicioneras,
y sentí tus pestañas prisioneras
palpitando en las combas de mi beso.

Me libró la materia de su peso...
pasó por mí un fulgor de primaveras
y el alma anestesiada de quimeras
conoció la fruición del embeleso.

Fue un momento de paz tan exquisito
que yo sorbí la luz del infinito
y me asaltó el deseo de llorar.

¿Te acuerdas que la tarde se moría
y mientras susurrabas: "¡Mía! ¡Mía!"
como un niño me puse a sollozar?....

Alfonsina Storni

Tentación

Afuera llueve; cae pesadamente el agua
que las gentes esquivan bajo abierto paraguas.
Al verlos enfilados se acaba mi sosiego,
me pesan las paredes y me seduce el riego
sobre la espalda libre. Mi antecesor, el hombre
que habitaba cavernas desprovisto de nombre,
se ha venido esta noche a tentarme sin duda,
porque, casta y desnuda,
me iría por los campos bajo la lluvia fina,
la cabellera alada como una golondrina.

Alfonsina Storni

Tu dulzura

Camino lentamente por la senda de acacias,
me perfuman las manos sus pétalos de nieve,
mis cabellos se inquietan bajo céfiro leve
y el alma es como espuma de las aristocracias.

Genio bueno: este día conmigo te congracias,
apenas un suspiro me torna eterna y breve...
¿Voy a volar acaso, ya que el alma se mueve?
En mis pies cobran alas y danzan las tres Gracias.

Es que anoche tus manos en mis manos de fuego,
dieron tantas dulzuras a mi sangre, que luego
llenóseme la boca de mieles perfumadas,

tan frescas, que en la limpia madrugada de estío,
mucho temo volverme al caserío,
prendidas en los labios mariposas doradas.

Alfonsina Storni

Tu me quieres blanca

Tú me quieres alba,
me quieres de espumas,
me quieres de nácar.
Que sea azucena
sobre todas, casta.
De perfume tenue.
Corola cerrada.

Ni un rayo de luna
filtrado me haya.
Ni una margarita
se diga mi hermana.
Tú me quieres nívea,
tú me quieres blanca,
tú me quieres alba.

Tú que hubiste todas
las copas a mano,
de frutos y mieles
los labios morados.
Tú que en el banquete
cubierto de pámpanos
dejaste las carnes
festejando a Baco.
Tú que en los jardines
negros del Engaño
vestido de rojo
corriste al Estrago.

Tú que el esqueleto
conservas intacto
no sé todavía
por cuáles milagros,
me pretendes blanca
-Dios te lo perdone-,
me pretendes casta
-Dios te lo perdone-,

¡me pretendes alba!

Huye hacia los bosques,
vete a la montaña;
límpiate la boca;
vive en las cabañas;
toca con las manos
la tierra mojada;
alimenta el cuerpo
con raíz amarga;
bebe de las rocas;
duerme sobre escarcha;
renueva tejidos
con salitre y agua:

Habla con los pájaros
y llévate al alba.
Y cuando las carnes
te sean tornadas,
y cuando hayas puesto
en ellas el alma
que por las alcobas
se quedó enredada,
entonces, buen hombre,
preténdeme blanca,
preténdeme nívea,
preténdeme casta.

Alfonsina Storni

Un día

Andas por esos mundos como yo; no me digas
que no existes, existes, nos hemos de encontrar;
no nos conoceremos, disfrazados y torpes
por los caminos echaremos a andar.

No nos conoceremos, distantes uno de otro
sentirás mis suspiros y te oiré suspirar.
¿Dónde estará la boca, la boca que suspira?
Diremos, el camino volviendo a desandar.

Quizá nos encontremos frente a frente algún día,
quizá nuestros disfraces nos logremos quitar.
Y ahora me pregunto... cuando ocurra, si ocurre,
¿sabré yo de suspiros, sabrás tú suspirar?

Alfonsina Storni

Un sol

Mi corazón es como un dios sin lengua,
mudo se está a la espera del milagro,
he amado mucho, todo amor fue magro,
que todo amor lo conocí con mengua.

He amado hasta llorar, hasta morirme.
Amé hasta odiar, amé hasta la locura,
pero yo espero algún amor-natura
capaz de renovarme y redimirme.

Amor que fructifique mi desierto
y me haga brotar ramas sensitivas,
soy una selva de raíces vivas,
sólo el follaje suele estarse muerto.

¿En dónde está quien mi deseo alienta?
¿Me empobreció a sus ojos el ramaje?
Vulgar estorbo, pálido follaje
distinto al tronco fiel que lo alimenta.

¿En dónde está el espíritu sombrío
de cuya opacidad brote la llama?
Ah, si mis mundos con su amor inflama
yo seré incontenible como un río.

¿En dónde está el que con su amor me envuelva?
Ha de traer su gran verdad sabida...
Hielo y más hielo recogí en la vida:
Yo necesito un sol que me disuelva.

Alfonsina Storni

Una vez más

Es una boca más la que he besado.
¿Qué hallé en el fondo de tan dulce boca?
¿Que nada hay nuevo bajo el sol y es poca
la miel de un beso para haberlo dado?

Heme otra vez aquí, pomo vaciado.
Bajo este sol que mis espaldas toca
a la cordura vanamente, invoca
mi triste corazón desorbitado.

¿Una vez más?... Mi carne se estremece
y un gran terror entre mis manos crece,
pues alguien da mi nombre a los caminos

y es su voz de hombre, cálida y temida.
Ay, quiero estarme quieta y soy movida
hacia la sombra verde de los pinos.

Alfonsina Storni

Veinte siglos

Para decirte, amor, que te deseo,
sin los rubores falsos del instinto.
Estuve atada como Prometeo,
pero una tarde me salí del cinto.

Son veinte siglos que movió mi mano
para poder decirte sin rubores:
"Que la luz edifique mis amores".
¡Son veinte siglos los que alzo mi mano!

Pasan las flechas sobre mis cabellos,
pasan las flechas, aguzados dardos...
¡Son veinte siglos de terribles fardos!
Sentí su peso al libertarme de ellos.

Alfonsina Storni

Vida

Mis nervios están locos, en las venas
la sangre hierve, líquido de fuego
salta a mis labios donde finge luego
la alegría de todas las verbenas.

Tengo deseos de reír; las penas
que de donar a voluntad no alego,
hoy conmigo no juegan y yo juego
con la tristeza azul de que están llenas.

El mundo late; toda su armonía
la siento tan vibrante que hago mía
cuando escancio en su trova de hechicera.

Es que abrí la ventana hace un momento
y en las alas finísimas del viento
me ha traído su sol la primavera.

Alfonsina Storni

¿Y tú?

Sí, yo me muevo, vivo, me equivoco;
agua que corre y se entremezcla, siento
el vértigo feroz del movimiento:
huelo las selvas, tierra nueva toco.

Sí, yo me muevo, voy buscando acaso
soles, auroras, tempestad y olvido.
¿Qué haces allí misérrimo y pulido?
Eres la piedra a cuyo lado paso.

Alfonsina Storni

Voy a dormir

Dientes de flores, cofia de rocío,
manos de hierbas, tú, nodriza fina,
tenme prestas las sábanas terrosas
y el edredón de musgos escardados.

Voy a dormir, nodriza mía, acuéstame.
Ponme una lámpara a la cabecera;
una constelación; la que te guste;
todas son buenas; bájala un poquito.

Déjame sola: oyes romper los brotes...
te acuna un pie celeste desde arriba
y un pájaro te traza unos compases

para que olvides... Gracias. Ah, un encargo:
si él llama nuevamente por teléfono
le dices que no insista, que he salido...

Alfonsina Storni

INDICE

Sonia Mayoral Arias 10
Biografía 11
Fotografía 12
Angelito.. 13
Una mirada en minutos 15
Mamá del corazón 16
Luchadora 18
El secreto de Virginia 19
Para mamá 20
La tristeza de la princesa.. 22
Y así 23
Primavera para dos 24

Patricia Aviles Torres 25
Biografía 26
Fotografía 27
Yo mujer 28
Renuncia 29
Solo así.. 30
Palabras en mi espejo... 31
Mentiras de alcoba.. 32
El aroma de tu piel 33
Ya 34
Tus propias batallas 35
Despertar a la pasión 37

Cenia Castro 38
Biografía 39
Fotografía 40
Delirios 41
Ciudad 43
Bulevar 44
Para no pensar en ti 45
Te intuyo de lejos 46

Ana Delgado Ramos 47
Biografía... 48
Fotografía 49
Apasionado amor 50
Poeta 51
Mañana de luna.. 53
Superficie y fondo 54
Te amaré en silencio 55
Abrázame hoy 57
Ámame como Dios me ama 59
Hablaré con el viento 60
Soy 62

Gladys Viviana Landaburo....................................... 65
Biografía... 66
Fotografía 67
Habré sido 68
Crecer 69

195

Sería palpitar el infinito 70
Soy mujer 71
Dime por qué.. 72
Hasta que la muerte nos separe 73
Bajo la piel 74
Aquí donde el deseo 75
Nos reconocimos 77

Glendalis Lugo 78
Biografía 79
Fotografía 80
Ausencias necesarias 81
Hoy:¡Hoy ya es tarde!... 82
Palabras 84
Dices 85
Mácula 86
Cárcel sin nombre... 87
Reincidente 88
Imperfecta 89
Sin sombras 90

Ester Migoni.. 91
Biografía 92
Fotografía 93
Allá en la costa 94
Te necesito 96
Vienes por mí 97

Tú y yo....	98
Poema sin número	99
Eres tan bella	100
Puedes	101
No mirar atrás	102
Intentar	103
Maternidad	104
Fabiana Piceda	105
Biografía	106
Fotografía	107
Dueño del alma	108
Desmonte	109
El dulce de leche	110
Todo vuelve....	111
Mi droga eres tú	112
Te quiero	113
Soy mujer	114
De rojo	115
Luz Ramirez	116
Biografía	117
Fotografía	118
Ese espacio entre tú y yo	119
Ámame	120
Viaje interminable	121

Sabor y aroma 122

Me he vuelto poesía 123

Entre estos trastos 124

Cuando te vas 125

Llevo en el alma las letras.. 126

Caricias 127

Encarnación Romero Marín 128

Biografía 129

Fotografía 130

Secretos ojos.. 131

Cambios 132

¿Dónde están…? 133

La blanca flor de loto 134

El parque de los desencantos.. 135

Las dalias de mi madre 136

La noble dama de piedra oscurecida 137

Ella se deshidrata….. 138

Tengo colecciones…. 139

Melva Omaira Sotelo 140

Biografía.. 141

Fotografía 142

Oasis de ternura 143

Cochecito de cartón 144

Magia 146

Tu musa …. 147

Despierta soledad	148
Nácar de sollozos	149
Un ratón muerto de risa	150
Mundo agonizante	151
Madre leopardo	152
Sara Tekel	153
Biografía	154
Fotografía	154
Noche	155
Alivio	156
Quiero ser lo que tu quieras	157
Secretos	158
Sensaciones	159
Armonía	160
Eres	161
Más allá de una quimera	162
Acaricias los deseos de mi mente inquieta	163
Alfonsina Storni	164
Fotografía	165
Biografía	166
Hombre pequeñito	167
La caricia perdida	168
La invitación amable	169
Las grandes mujeres	171
Lo inacabable	172

Miedo	173
Odio	174
Pasión	175
Oye	176
Oye, yo era como un mar dormido	177
Peso ancestral	178
Queja	179
Soy	180
Soy esa flor	181
¿Te acuerdas?	182
Tentación	183
Tu dulzura	184
Tu me quieres blanca	185
Un día	187
Un sol	188
Una vez más	189
Veinte siglos	190
Vida	191
¿Y tú?	192
Voy a dormir	193

www.ingramcontent.com/pod-product-compliance
Lightning Source LLC
Chambersburg PA
CBHW071607170426
43196CB00033B/2142